KB097330

2월의 모든 역사

한국사

한국사

2月

2월의 모든 역사

● 이종하 지음

디오네

매일매일 일어난 사건이 역사가 된다

역사란 무엇일까. 우리는 왜 역사에 관심을 갖는 것일까.

이 책을 쓰는 내내 머릿속을 맴돌던 질문이다.

아놀드 토인비는 역사를 도전과 응전의 개념으로 설명한 바 있다. 그것은 인류사 전체를 아우르는 커다란 카테고리를 설명하기에는 더없이 좋은 개념이다. 그러나 미시적인 문제로 들어가면 얘기가 달라진다. 나일 강의 범람 때문에 이집트에서 태양력과 기하학, 건축술, 천문학이 발달하였다는 것은 도전과 응전으로 설명이 가능하지만, 예술사에서 보이는 사조의 뒤섞임과 되돌림은 그런 논리만으로는 설명이 안 된다.

사실 역사란 무엇인가 하는 관심을 가진 지는 오래 되었다. 대학 시절 야학 교사로 역사 과목을 담당하면서 맨 처음 그 의문이 싹텄다. 교과서에 나와 있는 대로 강의를 하는 것은 죽은 교육 같았다. 살아 있는 역사를 강의해야 한다는 생각에 늘 고민이 깊었다. 야학이 문을 닫은 후에 뿌리역사문화연구회를 만든 것도 그런 고민을 해결하지 못했기 때문이다.

뿌리역사문화연구회를 이끌면서 10년여에 걸쳐 '어린이와 청소년을 위한 교실 밖 역사 여행' '어린이 역사 탐험대'를 만들어 현장에서 어린이와 청소년을 만났다. 책으로 배우는 역사와 유적지의 냄새를 맡으며 배우는 역사는 느낌이 전혀 달랐다. 불이학교 등의 대안학교에서 한국사 강의를 맡았을 때도 그런 느낌은 피부로 와 닿았다.

그렇다고 역사를 현장에서만 접해야 한다는 것은 아니다. 역사 자체는 어차피 관념 속에 있는 것이며, 그것이 우리에게 구체적으로 구현되는 것은 기록을 통해서이기 때문이다. 역사는 과거이며, 그 과거는 기록으로 존재한다. 그러나 현재에 펼쳐진 과거의 기록은 현재를 해석하는 도구이고, 결국 미래를 향한다.

이 책은 매일매일 일어난 사건이 역사가 된다는 사실에 기초하여, 1월 1일부터 12월 31일까지 일어난 중요한 사건들을 날짜별로 기록한 것이다. 사건의 중요도에 따라 집필 분량을 달리하였으며, 『1월의 모든 역사 - 한국사』『1월의 모든 역사 - 세계사』처럼 매월 한국사와 세계사로 구분했다. 1월부터 12월까지 총 24권에 걸쳐 국내외에서 일어난 대부분의 중요한 역사적 사실들을 흥미진진하게 담으려고 했다.

이 책에 나와 있는 날짜는 태양력을 기준으로 한다. 음력으로 기록된 사건이나 고대의 기록은 모두 현재 사용하는 태양력을 기준으로 환산하여 기술했다. 고대나 중세의 사건 가운데에는 날짜가 불명확한 것도 존재한다. 그것들은 학계의 정설과 다수설에 따라 기술했음을 밝힌다.

수년에 걸친 작업이었지만 막상 책으로 엮여 나오게 되니 어설픈 부분이 적지 않게 눈에 들어온다. 그것들은 차차 보완을 거쳐 이 시리즈만으로도 인류 역사의 대부분을 일견할 수 있도록 만들고 싶다.

이 책을 쓰다 보니 매일매일을 성실하게 노력하며 살아야겠다는 생각이 든다. 매일매일의 사건이 결국 역사가 되기 때문이다.

이종하

2月

차례

2_月

2月

2월의
모든 역사

2월 1일

■
■
■

561년 2월 1일

신라 진흥왕, 창녕에 순수비를 건립하다

진흥왕 22년(561)에 낙동강 이동 지역의 곡창 지대 중 하류의 요충 지였던 구가야 지역인 창녕에 이 같은 비를 건립함으로써, 결국 그 이서 지역인 대야주로 하주의 치소를 옮길 수 있는 토대가 마련되었다고 생각되었다. 그리하여 신라의 국가적인 영토 확장 특히 가야 지역으로의 진출에 있어서 이 창녕 순수비의 건립이 가지는 의미는 크다고 할 수 있다.

노용필,『신라진흥왕순수비연구』

진흥왕은 재위 37년 동안 정복 사업을 꾸준히 진행하여 사방으로 영토를 확장하였다. 그리하여 진흥왕 대에는 신라의 비약적인 성장으로 삼국 통일의 기반을 마련할 수 있었다.

그는 먼저 백제의 성왕과 연합하여 고구려가 차지하고 있던 한강 유역을 공격하여 한강 상류 지역인 죽령 이북 고현 이남의 10군을 점령하였다. 이어 2년 뒤에는 백제가 점령하고 있던 한강 하류 지역마저 기습하여 한강 유역 전부를 차지하였다. 이에 백제는 거세게 반발하여 그 이듬해 성왕이 직접 군사를 이끌고 신라를 공격하였다. 하지만 김유신의 조부인 김무력의 군대에게 기습을 당해 성왕은 전사하고 전군이 섬멸되고 말았다. 관산성 전투가 바로 이것이다.

이로써 신라의 한강 유역 점유는 확고해졌는데 이것은 인적·물적 자원의 획득이라는 경제적 이익과 서해를 통해 중국과 직접 교통할 수 있는 거점을 확보하였다는 의미를 갖는다. 신라의 삼국 통일에는 당나라와의 성공적인 외교가 큰 역할을 하였으므로, 한강 유역의 점령은 결국 통일의 디딤돌이었던 셈이다.

또한 진흥왕은 법흥왕의 가야에 대한 정복 사업을 계승하여 낙동강 유역에도 손길을 뻗쳐 함안의 아라가야와 창녕의 비화가야를 병합하였다. 대가야는 관산성 전투에서 백제와 연합군으로 출동했다가 패배한 후 사실상 신라의 속국이나 다름없었다. 그러나 그 후 신라에 반기를 들자 진흥왕 23년에 이사부를 보내 완전히 멸망시켰다. 이로 인해 신라는 기름진 낙동강 유역까지 독차지하게 되었다. 진흥왕은 동북쪽으로도 눈을 돌려 동해안을 따라 북상해 안변에 비열홀주를 설치하였다. 그리고 이곳을 근거로 함흥평야까지 진출하였다.

고구려·백제·가야에 대한 활발한 정복 사업으로 신라의 영역은 크

게 확장되었다. 이것을 웅변하고 있는 표지물이 바로 정복 지역에 세워
진 진흥왕의 순수비로 창녕비 · 북한산비 · 마운령비 · 황초령비 등이
이에 속한다. 해서체로 새겨진 이들 순수비는 진흥왕 당대의 금석문 자
료로서 이 시대의 역사적 사실을 밝히는 귀중한 자료이다. 즉『삼국사
기』나 『삼국유사』외에는 마땅한 고대사 자료가 없는 상황에서 위의 금
석문들은 부족한 문헌을 보충하여 당시의 역사를 복원하는 데 크게 기
여하고 있는 것이다.

　이것을 간략하게 살펴보면 첫째, 황초령비나 마운령비의 발견으로
신라의 동북 국경이 함경남도 이원군까지 미쳤던 사실을 알 수 있다.
둘째, 수행한 신료의 명단을 기록하면서 그의 소속부와 관직명 등을 언
급함으로써 신라 시대의 6부제와 17관등제의 문제를 푸는 데 큰 단서
를 제공하였다. 셋째, 군주 · 당주 · 도사 · 촌주 등의 관직과 술간 등의
외위가 기록되어 지방 통치 조직과 세력의 편제를 파악할 수 있게 되었
다. 넷째, 짐朕, 그리고 순수와 같은 용어를 통해 당대 신라인들의 자존
의식이나 천하관을 엿볼 수 있다.

　창녕비는 국보 33호로 지정되었는데 원래는 창녕읍 목마 산성 서쪽
기슭에 있던 것을 지금의 위치(창녕읍 교상리)로 옮겨 비각 안에 보존하
고 있다. 창녕비는 판독이 불가능한 부분이 많지만 맨 처음에 신사辛巳
라는 간지가 있어 진흥왕 22년(561)에 이 비를 세웠음을 알 수 있다. 또
한 정복한 지역을 네 개로 분할하여 각기 군주를 두고 통치하는 사방
군주제를 운영했다는 사실과 답畓과 같은 우리나라 특유의 한자가 비문
에 보이는 점도 주목되는 부분이다.

1019년 2월 1일

강감찬, 거란군을 귀주에서 대파하다

"2월에 거란군이 구주를 통과할 때 강감찬 등이 동녘 교외에서 적들을 맞받아 싸웠는데 승부를 보지 못한 채 양군이 서로 대치하고 있었다. 기회를 놓치지 않고 추격하니 석천을 건너 반령에 이르는 구역에 적들의 시체가 들에 널리었고 생포한 인원과 노획한 말, 낙타, 갑옷과 투구는 이루 셀 수가 없었으며 살아 돌아 간 적병은 겨우 수천 명에 불과하였다. 거란 왕이 이 소식을 듣고 크게 노하여 사람을 보내 소배압을 책망하기를 '네가 적을 얕잡아 보고 깊이 들어가 이 지경에 이르렀으니 무슨 낯으로 나를 대하려느냐? 나는 너의 낯가죽을 벗긴 다음에 죽일 것이다' 하였다."

『고려사』권 94

거란이 고려에 처음 교섭을 청해 온 것은 고려 태조 때이다. 이때 태조는 거란은 발해를 쳐 멸망시킨 무도한 나라라며 사신 30인을 유배 보내고 데려온 낙타 50마리를 만부교 아래에 매달아 굶겨 죽였다. 그리고 「훈요십조」에서도 거란을 금수의 나라로 규정하여 후손들에게 경계하도록 하였다. 거란에 대한 태조의 이러한 적대적인 정책은 후대의 왕들에게도 계승되어 양국 간의 긴장을 불러일으켰고 이에 정종은 광군 30만을 조직하였다.

거란 성종 때에는 송나라의 태종이 연운 16주를 회복하려고 거란을 공격하다가 대패하는 사건이 벌어졌다. 송나라는 더 이상 공세적인 대

거란 정책을 포기하고 잔뜩 몸을 사렸다. 그러자 거란은 아무 거리낌 없이 압록강변의 요지에 성을 쌓아 여진과 송나라의 통교를 막고 아울러 고려에 대한 침입 준비를 강화하였다.

그러더니 고려 성종 12년(993)에는 소손녕을 장수로 삼아 1차 침입을 단행하였다. 소손녕이 내세운 침략의 핵심 명분은 송나라와 통교를 끊고 거란과 그것을 대신하라는 것이었다. 서희는 이를 잘 간파하여 그동안 고려와 거란 사이에 국교가 통하지 못한 것을 여진에 전가하고 오히려 강동 6주를 획득하는 성과를 거두었다.

그러나 1차전이 끝난 후에도 고려가 계속 송나라와 비공식적인 접촉을 행하자 거란은 많은 불안을 느꼈다. 또 강동 6주가 동여진을 공략하는 데 전략적으로 매우 유리하다는 것을 깨닫자 이를 탈환하기 위해 재침략의 기회만 엿보게 되었다.

이 순간 고려에서 강조가 목종을 폐위하는 정변이 일어났다. 이를 놓칠세라 거란의 성종은 강조의 죄를 묻는다는 구실을 내세워 현종 원년에 40만 대군을 이끌고 침략해 왔다. 이것이 거란의 제2차 침입으로 이 전쟁은 양측 모두 큰 피해를 입었다. 거란의 2차 침입을 수습하는 과정에서 불거진 문제는 고려 현종의 친조와 강동 6주의 반환 요구였다. 이 두 가지는 실현되기 어려운 일방적인 요구임에도 거란은 계속 재촉하였고 이에 고려는 형부시랑 전공지를 보내 친조가 불가능함을 통보하였다.

그 후 현종 9년에 거란의 소배압은 10만의 군사를 이끌고 또 한 번의 대공세를 펼쳤다. 고려는 강감찬을 상원수, 강민첨을 부원수로 삼아 20만 군대를 거느리고 영주에 나가 대비케 하였다. 여기서 강감찬 등은 흥화진으로 나아가 정병 1만 2천 명을 뽑아 산골짜기에 매복시켰다. 그리고 소가죽을 모아 큰 줄에 꿰어 동쪽으로 흐르는 큰 내를 막았다. 거란군이 이곳을 건너길 기다렸다가 둑을 터뜨리고 미리 매복한 병사들이 기습을 가해 대승을 거두었다. 그러나 소배압은 굴하지 않고 병력을 수습하여 사잇길을 통해 개경으로 진격하였다. 이를 눈치 챈 강민첨이 매섭게 추격하여 자주에서 크게 타격을 가하였다.

거듭되는 패배에도 거란군이 계속 개경을 향해 오자 고려는 태조의 관을 부아산의 향림사로 옮기고 개경 일대를 엄히 경비하였다. 강감찬은 김종현에게 군사 1만 명을 주어 개경을 사수하게 하고 동북면병마사도 군사 3천 명을 이끌고 합류토록 하였다. 소배압이 개경에 가까운 신은현에 이르자 현종은 청야 전술을 써서 들판의 작물과 가옥을 철거하였다. 이에 소배압은 개경 공격을 단념하고 퇴각하기 시작했다.

거란군이 연주(개천)와 위주(영변)에 이르자 강감찬은 이들을 급습하여 500여 명을 죽였다. 2월 1일에는 다시 귀주로 퇴각한 거란군을 동쪽 들에서 공격하였다. 승패를 가리지 못하고 양군이 팽팽히 맞서있을 때 김종현이 군사를 이끌고 나타났다. 때마침 비바람까지 적들을 향해 몰아치자 고려군의 사기는 하늘을 찔렀다. 그 기세로 맹렬한 공격을 가하니 적들은 혼비백산하여 달아나기 바빴다.

석천을 건너 반령에 이르는 길목에는 적들의 시체가 널렸고 사로잡은 군사와 말·낙타·갑옷 등은 이루 다 헤아릴 수 없었다. 단지 수천 명 만이 겨우 살아서 돌아갔는데 이것이 그 유명한 귀주대첩이다. 이 승리는 고려인에게 무한한 자긍심과 감격을 심어주었을 뿐만 아니라 이후 고려와 거란이 평화적 관계를 형성하는 계기가 되었다.

1608년 2월 1일

선조, 정릉 행궁에서 승하

조선의 제14대 왕 선조가 1608년 2월 1일 정릉 행궁에서 승하하였다. 아무 준비가 없었던 조선 정부는 임진왜란이 일어나자 부랴부랴 의주까지 피난하였다. 왜군이 남쪽으로 물러간 뒤 다시 한양으로 돌아왔으나 경복궁을 비롯한 한양의 3궁은 이미 다 불타 버린 뒤였다.

선조는 하는 수 없이 정릉동에 있는 월산 대군의 옛집을 행궁으로 삼았다. 전쟁 후 나라의 사정은 피폐할 대로 피폐해 있었고, 거듭되는 흉년으로 백성들은 굶주렸으며 질병에 시달렸다. 당시 국가 재정으로는 궁궐을 다시 복구할 능력이 부족하였고 선조는 하는 수 없이 정릉동 행궁에 계속 머무르다가 재위 41년 만인 59세에 이곳에서 승하하였다.

선조의 뒤를 이어 세자 광해군이 행궁 서청에서 즉위하였다. 광해군은 창덕궁 복구공사에 박차를 가하여 즉위 3년(1611) 10월에 창덕궁으로 옮겼다. 이때부터 이 행궁을 경운궁이라 부르게 되었다. 이후 고종이 즉조당에서 대한제국의 황제로 즉위하면서 경운궁은 구한말 역사의 주요 무대가 되었다. 경운궁은 순종이 창덕궁으로 옮겨 간 후 덕수궁이라 불리며 오늘에 이르게 되었다.

—

1906년 2월 1일

통감부 업무 개시

—

1906년 2월 1일 하세가와 요시미치가 임시 통감에 취임하면서 통감부의 업무가 개시되었다. 일본은 1905년 11월 강압적으로 을사조약을 체결하고 이 조약의 규정을 들어 한국 주재 일본 공사관을 폐쇄하고 통감 업무를 개시한 것이다. 하세가와에 이어 3월 2일 초대 통감 이토 히로부미가 부임함으로써 일제는 통감 정치를 본격화하였다. 일제는 통감부를 설치하고 외교권 박탈을 시작으로 한일 합방을 위한 사전 준비를 함으로써 조선을 사실상 일본에 종속시켰다.

—

1919년 2월 1일

최초의 문예 동인지 『창조』 창간

—

우리나라 최초의 문예 동인지 『창조』가 1919년 2월 1일 창간되었다. 『창조』는 일본에 유학하고 있던 김동인·주요한·전영택·김환·최승만 등이 주축이 되었다. 처음에는 주요한이 편집 겸 발행인을 맡았으며 제3호 이후부터는 김환·고경상·김동인·전영택·김찬영 등이 맡았다. 1921년 5월 통권 제9호로 종간되었으며 창간호부터 제7호까지는 일본에서, 제8호와 제9호는 국내에서 발간되었다.

『창조』는『폐허』『백조』와 함께 우리나라 근대 문학 발전의 밑바탕이 되었으며 새로운 문학 사조였던 자연주의와 사실주의 문학을 소개하고 자유시의 발전에 크게 이바지하였다.

『창조』를 통해 최초의 근대 자유시로 알려진 주요한의「불놀이」「별 밑에 혼자서」를 비롯한 시 70여 편이 소개되었다. 또한 김동인의「약한 자의 슬픔」「마음이 옅은 자여」「배따라기」전영택의「천치? 천재?」가 소개되었고 소설 21편, 희곡 4편, 평론 16편, 번역시 49편이 소개되었다.

1968년 2월 1일

경부고속도로 착공

1968년 2월 1일 서울에서 부산까지 428km의 고속도로를 건설하기 위한 대장정의 첫 삽질이 시작되었다. 1964년 독일을 방문했을 당시 아우토반을 달려본 박정희 대통령의 강력한 의지에 따라 경부고속도로 건설의 대역사가 시작된 것이었다. 이 공사는 부산광역시 금정구 구서동에서 시작하여 서울특별시 강남구 압구정동 한남대교 남단에 이르는 노선으로 1970년 7월 7일 왕복 4차선 도로로 준공되었다.

1883년 2월 1일

독립운동가 조만식 출생

독립운동가 고당 조만식은 1883년 2월 1일 평안남도 강서에서 태어났다. 그는 간디의 사상에 영향을 받아 평생을 비폭력, 무저항주의로

민족 운동에 앞장섰다. 1913년 일본 메이지대학 법학부를 졸업하고 귀국 후 정주 오산학교 교장을 비롯하여 교육자로 활동하였으며, 조선 물산 장려회를 조직하여 국산품 애용 운동을 벌이기도 하였다. 1932년 조선일보 사장에 추대되어 언론 발전에도 공헌하였다. 광복 후에는 조선 민주당을 창당하여 정치에 투신하여 반공 노선을 내세우고 반탁 운동을 주도하였으나, 1950년 6 · 25 전쟁 중 공산당에 의해 총살되었다.

—

2000년 2월 1일

태고종 송암 입적

—

2000년 2월 1일 불교 태고종 송암 대종사가 열반했다. 대종사는 태고종의 최고위직으로 송암 대종사는 1998년 태고종 승정에 이어 1999년 대종사로 추대됐다. 1973년 벽응 스님과 함께 중요 무형 문화재 50호 보유자로 지정됐고 1987년 '봉원사 영산재'가 종묘 제례악과 전주 대사습놀이에 이어 무형 문화재로 지정받은 후, 영산재 보존회의 총재를 맡아 왔다. 영산재 보존회 부설 범음대학 학장을 지냈으며 1994년 옥관문화훈장을 받았다.

—

1935년 2월 1일

구한말 의사 지석영 사망

—

1935년 2월 1일 조선 말기의 의사이자 국문학자였던 지석영이 80세를 일기로 생을 마감하였다. 지석영은 1876년 스승 박영선의 영향으로 처음 종두에 관심을 갖기 시작하였다. 1880년 수신사 김홍집의 수행원으로 일본으로 건너가 두묘의 제조법과 저장법과 독우의 사육법을 배운 뒤 귀국하여 우리나라에서 적극적으로 우두를 실시하였다.

그는 종두법의 보급을 위해 힘썼으며 1885년『우두신설』을 저술하였다. 1899년 경성의학교 교장에 취임한 이후에는 의학 교육 사업에도 종사하여 한글 보급에 이바지하였다. 또한 주시경과 함께 한글 가로쓰기를 주장하였으며, 한자의 뜻과 음을 한글로 표시하는 방법을 연구하는 등 한글 연구를 위해 많은 노력을 기울였다. 1908년 국문 연구소 위원을 지냈으며 옥편의 효시인『자전석요』를 간행하는 등 국문 연구에도 공적을 남겼다.

—

1963년 2월 1일

장충 체육관 개관

—

1963년 2월 1일 서울 중구 장충동 2가에 장충 체육관이 개관되었다. 장충 체육관은 우리나라에 처음으로 세워진 실내 체육관으로 서울시가 육군 체육관으로 사용하던 것을 인수하여 경기장으로 개수하였다. 약 7,000여 명을 수용할 수 있는 체육관으로 농구 · 핸드볼 등의 구기 종목과 역도 · 씨름 등의 국내외 시합이 진행되며 체육 경기뿐만 아니라 각종 문화 행사도 개최된다. 특히 1988년 서울 올림픽 대회 개최 당시에는 유도와 태권도 경기장으로 사용되었다.

2월의
모든 역사

2월 2일

■
■
■

1895년 2월 2일

사대주의 상징 영은문 철거

1895년 2월 2일 독립문 건립을 위해 청나라 사신을 영접하던 영은문이 헐렸다. 독립 협회는 조국의 영원한 독립을 선언하기 위해 이 자리에 독립문을 세웠다.

영은문은 중국 사신을 맞이하던 모화관 앞에 있던 문이다. 원래 조선 건국 초기부터 모화관 앞에는 홍살문이 있었다. 중종 32년(1537)에 이 홍살문을 개축하여 편액을 걸고 영조문이라 하였다. 그 편액을 중종 34년(1539)에 영은문으로 고쳐 걸게 되니 이때부터 영은문이라 칭하게 되었다. 재건된 영은문은 고종 32년(1895) 2월 김홍집 내각의 갑오개혁 때 훼철되었다.

한편 독립 협회는 1896년 7월 2일 창립총회를 갖고 독립문 건립 사업을 추진하였다. 11월 21일에는 헐린 영은문 자리에서 독립문 주춧돌을 놓는 기념식이 거행되었다. 독립문은 우리나라의 독립 정신을 드높이기 위하여 서재필·이상재·윤치호 등이 중심이 된 독립 협회가 사대주의 상징의 하나인 '영은문' 자리에 세웠던 것이었다.

1898년 2월 2일

광무협회 창립

광무협회는 1898년 2월 2일 현공렴·이승균 등이 중심이 되어 창립되었다. 경성학당의 학원들과 교동사범학교 즙목회 회원, 공동소학교 개연회 회원들이 조직에 참여하였다.

광무협회는 애국 계몽 운동 전개를 목적으로 독립 협회의 후원과 지도 아래 민족의 선각자를 초청하여 연설회와 토론회를 자주 개최하였다. 같은 해 4월 10일에는 순 국문 주간 신문인 대한신보를 발행하였으나 독립 협회가 강제 해산된 후 자연 쇠퇴하였다.

—

1949년 2월 2일

장면, 초대 주미 대사 임명

—

1949년 2월 2일 우리 정부는 초대 주미 한국 대사에 장면을 임명하였다. 그는 3월 25일 미국 트루먼 대통령에게 대한민국 주미 특명 전권 대사로서 신임장을 봉정하였다.

장면은 6·25 전쟁이 발발하자 주미대사로서 유엔과 미국의 지원을 얻어내는 데 크게 기여하였다. 1956년에는 부통령을 지내고 내각 책임제하의 제2공화국 국무총리로 선출되었으나 1961년 5·16 군사 정변으로 총리 취임 9개월 만에 실각하였다.

—

1914년 2월 2일

화가 박수근 출생

—

한국적인 소재의 그림으로 친근한 화가 박수근은 1914년 2월 2일 강원도 양구에서 태어났다. 박수근은 독학으로 미술을 공부하여 1932년 제11회 조선미술전람회에 「봄이 오다」로 입선하며 화단에 등장하였다. 광복 후 월남하여 1952년 제2회 국전에서 특선하는 등 작품 활동을 꾸준히 계속하였다.

　그는 가난한 시골 농가나 서민들의 일상적이고 평범한 생활 정경을 소재로 인간의 선함과 진실함을 일관되게 추구하였다. 향토색 짙은 독창적인 양식의 화풍을 구축하였으며 민족적 정서를 거친 화강암 질감으로 표현하고, 굵고 검은 선으로 단순화시켜 한국적 정감이 넘치게 하였다. 또한 1958년 이후 미국 월드하우스화랑, 조선일보사 초대전, 마닐라 국제전 등 국내외 미술전에서 활발하게 활동하였다.

　1959년 제8회 대한민국 미술 전람회 추천 작가, 1962년에는 심사 위원을 지냈다. 대표작으로 「절구질하는 여인」 「빨래터」 「귀가」 「고목과 여인」 「소녀」 「산」 등이 있다.

2월의
모든 역사

2월 3일

■
·
■

1876년 2월 3일

병자수호조약이 체결되다

대조선국과 대일본국은 원래 우의 두텁게 세월을 경과하였다. 지금
양국의 정의 미흡을 보게 됨으로써 구호를 중수하여 친목을 굳게
하고자 한다. 이를 위하여 일본국 정부는 특명전권판리대신 육군중
장 겸 참의개척장관 흑전청륭, 특명부전권판리대신의관 정상형을
간발하여 조선국 강화부에 파견하고 조선국 정부는 판중추부사 신
헌, 도총부총관 윤자승을 간발하여 각기 봉승한 논지에 준거하여
의결한 조관을 좌에 개열한다.

「강화도 조약」

　서양의 자본주의 국가들은 19세기 중 · 후반에 값싼 원료와 새로운 상품 시장을 개척하기 위해 세계로 활동 반경을 넓혀 나가기 시작했다. 소위 제국주의 단계를 말하는데 영국은 1840년 중국에서 아편 전쟁을 일으켜 강제로 중국의 문호를 열었다. 1854년 미국도 페리 제독을 보내 함포 시위를 벌여 일본을 강제로 개항시켰다. 그런데 정작 조선을 개항시킨 것은 이들 서양이 아니라 그들을 흉내 낸 일본이었다.

　당시 영국과 프랑스는 인도차이나 경영에 몰두했고 러시아는 부동항을 얻기 위해 블라디보스토크를 개척하느라 정신이 없었다. 미국은 남북 전쟁 직후라 다른 곳으로 쉽게 눈길을 돌릴 처지는 아니었다. 이에 이른바 메이지 유신을 통해 급속히 근대 국가로 이행하던 일본은 조선과 근대적 국교 관계를 맺고자 하였다. 그러나 국서의 서식이 다르다는 이유 등으로 조선에 거부당하였다.

　일본에서는 한동안 사이고와 이타가키 등을 중심으로 정한론이 들끓었다. 이 문제는 아직은 내치가 더 중요하지 외국과 전쟁을 벌일 단계가 아니라는 오쿠보 등의 반대로 일단 잠복하였다. 하지만 유신 과정에서 도태된 일본 무사층의 불만을 밖으로 분출시킬 필요가 있었고 또 각국과 맺은 불평등 조약을 보상받기 위한 방법의 하나로 조선의 문호 개방은 절실히 요구되었다.

　1873년 조선 내부의 권력 투쟁으로 대원군이 실각하게 되자 일본은 1875년 통교를 위해 조선에 사신을 파견하지만 교섭은 성립되지 않았다. 이에 일본은 측량을 빙자하여 군함 운요호 등 3척을 보내 동래 앞바다에서 함포 사격을 하며 무력 시위를 벌였고 함경도 영흥만까지 북상하였다가 다시 남하하여 일본으로 돌아갔다. 다시 3개월 뒤 운요호를 강화도에 출동시켜 초지진을 포격하고 이어 영종도의 영종진을 포격한 후, 그곳에 상륙하여 약탈과 살상을 저지르고 돌아갔다.

이렇게 무력 도발을 감행한 뒤 일본은 왜관의 거류민을 보호하고 운요호에 포격을 가한 책임을 묻는다며 강화도에 8척의 군함을 파견해 위협을 가하며 개항을 강요하였다. 이를 두고 조선 정부는 갑론을박을 벌였는데 결국 신헌을 대표로 보내 일본의 구로다와 회담케 하였다.

그 결과 협상 15일 만인 1876년 2월 3일 강화도 연무당에서 '병자수호조약'이라고 불리는 12개 조항의 '조일수호조규'가 체결되었다. 이어 5개월 후에는 수호 조규의 조항을 보완·첨가한 '수호조규부록'과 잠정적인 통상 협정이라고 할 수 있는 '조일무역규칙'이 조인되었다. 이 세 가지를 우리는 강화도 조약이라고 부르는데 외국과 체결한 최초의 근대적인 조약이다.

그러나 이 조약은 근본적으로 타율적이고 불평등한 것이었다. 영일조약을 그대로 모방한 이 조약으로 조선은 부산·원산·인천 등 3개 항구를 개방하고 일본이 자유롭게 조선 연해를 측량하여 지도를 작성하는 자유를 보장하게 되었다. 또한 일본인에 대한 치외 법권과 조선 내에서 일본 화폐의 통용, 무관세 무역도 허용하였다. 반면 조선인이 일본에서 누릴 권리에 대해서는 거의 규정된 것이 없었다. 그야말로 일본은 우리에게 얻어낼 수 있는 모든 것을 얻어낸 셈이었다.

조선은 이 조약을 계기로 그동안 굳건히 견지해 왔던 쇄국의 빗장을 풀었다. 이후 본격적으로 문호를 개방해 구미 각국과 연속적으로 국교를 맺기 시작하였다. 그러나 불평등 조약으로 출발했기 때문에 자주적인 민족 국가의 건설로 연결되지 못하고 정치·경제적으로 외세에 예속되어 이후 근대화가 아닌 식민지의 길을 걷게 되었다.

1430년 2월 3일

세종, 『농사직설』 반포

1430년 2월, 세종은 백성들을 배불리 먹게 하기 위해서는 새로운 농사법을 개발해야 한다고 생각하였다. 그리하여 정초 · 변효문 등에게 명하여 우리나라 풍토에 맞는 농작물 재배 지침서를 만들도록 하였는데 이것이 바로 『농사직설』이다. 『농사직설』은 농부들의 경험담을 바탕으로 만들어졌으며 세종 11년(1429)에 간행되었다.

『농사직설』은 우리나라 최초의 자주적 농법서로 우리나라 농업 기술의 변천사를 살피는 데 좋은 자료이다. 비곡종 · 종마 · 종도 · 지경 등 10개 항목으로 나누어 수록하였으며, 먼저 종자와 토양 다루기를 설명하고 각론에서는 각종 작물의 재배법을 간결하게 서술하였다. 그 내용은 '씨를 뿌리고 곡식을 거두는 때를 정확하게 알아라, 거름을 줌으로써 지력을 높여라, 하늘만 바라보지 말고 적극적으로 물을 끌어들여라, 밭이랑 사이에 다른 작물을 심어라' 등이었다. 이 농사법의 개발로 우리나라의 농업 생산성은 3배 이상 증대되었다.

1989년 2월 3일

실상사백장암삼층석탑 도굴

1989년 2월 3일 실상사백장암삼층석탑이 석등과 함께 파손되었다. 실상사백장암삼층석탑은 전북 남원 지리산 청왕봉 서편에 실상사 백장

암에 위치한 3층 석탑으로 국보 제10호로 지정되어 있다.

실상사는 통일신라 흥덕왕 3년(828)에 홍척국사가 세운 사찰로 석탑 역시 같은 시기에 세웠던 것으로 추정된다. 이 석탑은 구조와 장식이 특이하고 조각이 뛰어나 신라 말기를 대표하는 석탑으로 꼽히고 있다. 하지만 1989년 세 차례에 걸쳐 석등(보물 40호)과 함께 도굴당하면서 일부분이 손상되는 등 끊임없이 수난을 당하고 있다.

—

1956년 2월 3일

한국과 미국, 원자력 협정 체결

—

1956년 2월 3일 한국과 미국 간의 원자력 협정이 체결되었다. 이것은 원자력의 비군사적 사용에 관한 상호 협력을 위한 협정으로, 이날 이후 우리 정부는 미국의 사전 동의나 승인 없이 우라늄 농축과 핵연료 재처리 할 수 없게 되었다. 1956년 체결된 이후 1974년 5월 개정되어 6월 16일 발효되었으며 이날부터 41년간 효력이 유지된다.

2월의
모든 역사

2월 4일

■
·
■

1689년 2월 4일

송시열을 유배 보내다

영의정 정태화가 송시열에게 "지금 논의되고 있는 자의전 복제에 대하여 어떻게 해야겠습니까?" 하고 물으니 시열이 말하길 "예문에 천자로부터 사대부에 이르기까지 장자가 죽고 차자가 후계자가 되면 그의 복도 장자와 같은 복을 입는다고 하고서 그 아래에 또 4종의 설이 있는데 서자가 승중한 경우에는 3년 복을 입지 않는다고 하였습니다. 옛날 예문대로 말하자면 차장자 역시 서자인데 위아래의 말이 이처럼 모순이 되고 있으며 또 의거해 정정할 만한 선유들의 정론도 없어서 이것은 버리고 저것은 취할 수가 없습니다."라고 하였다.

『현종실록』

『조선왕조실록』에 유일하게 그 이름이 3천 번 이상 등장하는 인물이 있다. 퇴계도 율곡도 다산도 아닌 바로 우암 송시열이다. 그는 성 뒤에 '자'를 붙여 존숭을 받았는데 이 또한 우리나라에서는 유례가 없다고 한다.

우암 송시열은 김장생과 그의 아들 김집의 문하에서 성리학과 예학을 배우고 27세에 생원시에서 장원으로 합격하였다. 이로부터 2년 뒤 후일 효종이 되는 봉림 대군의 사부로 임명되어 그와 깊은 유대를 맺었다. 이듬해 병자호란 때 인조를 호종하여 남한산성으로 피난하였다가 1637년 화의가 성립되자 낙향하였다. 이후 10여 년간 일체의 벼슬을 마다하고 초야에 묻혀 학문에만 정진하였다.

1649년 인조의 뒤를 이어 즉위한 효종은 의욕적인 정치를 펼치고자 척화파 및 산림학자들을 대거 등용하였다. 이때 송시열도 부름을 받았다. 그는 북벌 문제에서 효종과 코드를 맞추면서 북벌의 핵심 인물로 발탁되었다. 이조판서로 임명되자 왕의 절대적인 신임 속에 북벌 계획을 추진하였다. 그러나 1659년 북벌 준비에 노심초사했던 효종이 사망하자 자의대비 조씨의 복상 문제를 놓고 서인과 남인 사이에 심각한 논쟁이 발생했다. 이것이 바로 1차 예송이다.

윤휴와 허목 등의 남인들은 효종의 왕위 계승이 적장자가 죽은 후의 일이므로 사실상 장자의 왕위 계승과 다름없다며 마땅히 조대비는 3년간 상복을 입어야 한다고 주장하였다. 그러나 송시열은 효종이 비록 왕위를 계승하였지만 그가 차자였다는 사실과 어머니인 대비는 아들인 왕의 신하가 될 수 없다며 기년복이 옳다고 주장하였다. 말하자면 아들이 죽었을 때 그 아들이 맏아들이면 3년간 상복을 입고 그렇지 않으면 기년복을 입는데 효종의 경우는 가통으로는 차자이지만 왕통으로는 맏

아들로도 볼 수 있기 때문에 문제가 복잡해졌던 것이다.

1차 예송은 송시열의 기년복이 채택되어 일단은 서인의 승리로 돌아갔다. 그러나 현종 15년(1674) 효종의 왕비인 인선 왕후가 죽자 다시금 논쟁이 재연되었다. 이것이 2차 예송으로 여전히 조대비가 살아 있는 것이 문제가 되었다. 며느리의 죽음이라 시어머니의 상복 문제로 문제가 변했지만 기준점은 역시 효종이었기 때문에 똑같은 논쟁이 반복되었다. 2차 예송에서는 서인의 내부 갈등이 변수로 작용하여 남인의 기년복이 채택되었다.

이후 송시열은 예를 그르쳤다는 죄로 파직되어 여기저기 유배를 다녔다. 이후 1680년 경술환국으로 서인이 다시 정권을 잡자 중앙 정계에 복귀하였다.

1682년 송시열은 남인들을 일망타진하고자 한 임신삼고변 사건에서 김익훈을 두둔하여 서인의 소장파로부터 비난을 받았다. 그리고 윤선거의 비문 문제로 그 아들 윤증과도 불화를 일으켜 서인은 노론과 소론으로 분당되었다.

1689년 1월 숙종은 원자의 명호를 정하고 소의 장씨를 희빈으로 승격시켰다. 그러자 노론의 영수인 송시열이 상소를 올려 숙종의 처사가 성급했다고 비판하였다. 물론 이것은 희빈 장씨가 남인과 연계되어 있다고 판단했기 때문이다. 숙종은 이에 분개하여 즉각 그의 관직을 삭탈하고 제주도로 유배 보냈다.

그러나 갑술환국으로 서인이 재집권하자 관직이 회복되고 그를 배향하는 수많은 서원이 세워졌다. 이후 영조와 정조 대에는 노론의 일당 전제가 이루어지면서 송시열의 역사적 지위는 더욱 공고해졌다.

1400년 2월 4일

방원을 세자로 책봉하다

이성계의 다섯째 아들 방원이 넷째 형 방간을 진압하자 정종은 이날 방원을 세자로 책봉하였다. 방원의 나이 서른넷의 일이었다. 방원은 이미 1398년 8월 25일 제1차 왕자의 난을 일으켜 상당한 정치적 실권을 장악하고 있던 터였다.

제2차 왕자의 난을 진압하고 세자가 된 방원은 병권을 장악하고 사병을 혁파하여 중앙 집권의 틀을 마련하는데 힘을 기울였다. 1400년 11월 11일 드디어 정종에게 선양을 받아 조선의 제3대 왕에 올랐으니 그가 바로 태종이다.

* 1400년 1월 28일 '조선, 제2차 왕자의 난이 일어나다' 참조

1977년 2월 4일

국문학자 양주동 사망

1977년 2월 4일, 고대의 시가 해독과 주석 연구에 독보적인 업적을 남긴 무애 양주동이 세상을 떠났다. 그는 우리나라 처음으로 신라 향가 25수 전편을 해독하여 『조선고가연구』를 펴냈으며 고려 가요에 대한 주석을 집대성하여 『여요전주』에 담아냈다.

양주동은 경기도 개성에서 태어나 1918년 일본 와세다대학 영문과

를 졸업하였다. 숭실전문학교 교수를 지냈으며 동국대학교에서 종신토
록 후학을 가르쳤다. 젊은 시절에는 영문학을 강의하고 문학 평론가로
활약하였으나 향가 해독에 빠져들면서 국학자로 변신하였다. 『금성』의
동인으로 활동하기도 하였는데 시집 『조선의 맥박』에 대표적인 시들이
실려 있다. 그 외 저술로는 『국학연구논고』『국문학고전독본』『문주반
생기』『인생잡기』등이 있다.

1989년 2월 4일

민권 운동가 함석헌 사망

1989년 2월 4일 함석헌이 88세를 일기로 사망하였다. 문필가 · 시인
· 종교 사상가 · 민권 운동가였던 그는 1970년 『씨알의 소리』를 발간
하여 민중 계몽 운동을 전개하였다. 평생을 '폭력에 대한 거부' '권위에
대한 저항' 등으로 탄압을 받았으나 일관된 사상과 신념으로 항일 · 반
독재에 앞장섰다. 저서에는 『뜻으로 본 한국 역사』『수평선 너머』등이
있다.

1979년 2월 4일

북한, 나진항을 소련의 해군 기지로 제공

1979년 2월 4일 북한이 나진항을 소련의 해군 기지로 제공하였다.
나진항은 함경북도 북부의 동쪽 해안에 있는 나진만의 안쪽에 위치한

항이다. 한반도 최북단의 부동항으로 1932년 축항 공사가 시작되면서 빠르게 성장하였다. 수산업의 중심지로 명태 · 멸치 · 송어 등이 잡히고, 대규모의 다시마 양식이 이루어지는 곳이다.

2월의
모든 역사

2월 5일

.
.
.

1886년 2월 5일

노비 세습제를 폐지하다

왕이 윤음을 내렸다. 우리나라의 내수사와 중앙 각 관청이 노비를 소유하고 전해 내려오는 것을 기자에서 비롯되었다고 하나 나는 그렇게 보지 않는다.

임금이 백성을 볼 때는 귀천이 없고 남녀 구별 없이 하나같이 적자다. 노다 비다 하여 구분하는 것이 어찌 일시 동포하는 뜻이겠는가. 내노비 36,974명과 사노비 29,093명을 양민이 되도록 허락하고 승정원에 명을 내려 노비 문서를 모아 돈화문 밖에서 불태우도록 하라.

『순조실록』 권 2

노비는 전근대 사회의 최하층 신분으로 보통 종이라 불리는 존재였다. 노비奴婢에서 노奴는 사내종을 비婢는 계집종을 의미한다. 우리나라에서 노비 제도가 언제부터 시작되었는지 정확히 알 수 없지만 고조선의 법률에 '남의 물건을 훔친 자는 데려다 노비로 삼는다'라는 기록이 남아 있다.

조선 시대의 노비는 공노비와 사노비로 구분되는데 공노비는 16세에서 60세까지 역을 부담하였다. 역의 종류가 노역인가 아니면 현물 납부인가에 따라 그 성격이 다시 구별된다. 사노비는 주인의 토지 · 가옥과 더불어 중요한 재산으로 간주되어 매매와 양여 그리고 상속의 대상이 되었다. 이들은 주인의 호적에 올라 나이, 부모의 신분 등이 기재되었는데 성은 없고 이름만 있었다. 주인은 사노비를 죽이는 경우에만 관청에 보고할 뿐 그 외에는 어떤 형벌도 가할 수 있었다. 반면에 노비는 모반이 아닌 이상 주인을 고발할 수 없었으며 만일 고발하는 경우 윤리를 어지럽히는 것으로 간주하여 교살되었다.

사노비가 반드시 주인과 함께 거주하는 것은 아니었다. 주인과 직접 같이 살면서 의식주를 제공받고 잡역과 농경에 종사하는 솔거 노비도 있지만 독립적으로 외부에 거주하면서 신공만을 바치는 외거 노비도 있었다. 동일한 상전 소유의 솔거 노비와 외거 노비는 주인의 의사에 따라 서로 교체될 수 있었다. 노비에 따라서 재산을 소유하는 것도 가능하였고 심지어 노비가 노비를 소유하는 경우도 있었다. 재산을 상속하는 것도 보장되었으나 자식이 없는 경우 공노비는 국가 기관이, 사노비는 그 소유주가 상속권을 행사하였다.

우리나라 노비 제도의 가혹성은 무엇보다도 그 세습성에 있었다. 이것은 고려 시대부터 계속되어 부모가 모두 노비인 경우는 말할 필요도 없고 부모 가운데 어느 한쪽만 노비라도 그 자녀는 노비의 멍에를 써야만 했고 그것은 다시 대를 이어 반복되었다. 이 때문에 이익이나 유형원 같은 실학자는 그 부당성을 지적하여 폐지를 주장하였다.

16세기 이후부터는 노비제가 다소 느슨해지기 시작했다. 여기에는 정부의 재정이 극도로 악화된 사정이 있었다. 명종 때 경상도 지역이 혹심한 재해를 당했지만 국가가 구제를 감당하지 못하고 민간에 손을 벌렸다. 이때 곡식을 납부하는 대가로 공·사노비에게 제공한 당근이 바로 면천이었다. 임진왜란 이후에는 군량미의 조달을 위해 납속은 더욱 유행하였다. 또 전쟁이라는 특수 상황을 이용하여 군공을 세우고 면천되는 일도 잦았다.

조선 후기에는 부역을 담당할 인구가 부족하여 국가에서는 그 타개책으로 '노양처소생종모종량법'을 도입하였다. 원래 노비와 양인이 결혼하면 그 소생은 무조건 노비가 되는 게 원칙이었다. 그러나 노와 양인의 여자가 혼인하면 이제 그 소생은 어머니의 신분을 따라 양인이 되는 것이었다. 이 법은 집권 세력이 바뀔 때마다 정치적 입장에 따른 번복을 심하게 겪었다.

시간이 흐르면서 노비제는 사회 변화의 추세에 따라 그 유지의 필요성에 대해 강한 의문이 제기되었다. 가령 노비를 양인으로 해방시켜 군포를 징수하면 차라리 경제적인 이익이 된다는 것이었다. 18세기 후반에는 아예 노비라는 명칭 자체를 없애자는 주장이 터져 나오기도 했다. 정조 후반에는 내시 노비 혁파론이 제기되었는데 주로 노론 측이 주장했다. 정조와 남인 측은 여기에 부정적이었다.

결국 정조가 죽고 순조가 즉위하자 노론 측은 내시 노비를 혁파하고 그들을 양인으로 상승시켰다. 그 뒤 고종 23년(1886년 2월 5일)에 이르러 노비의 세습제를 폐지한다는 하교가 내려졌고 이어 노비 소생의 매매 금지와 자동적으로 양인이 될 수 있는 조치가 취해졌다. 그리고 고종 31년 갑오개혁을 단행하면서 노비제 자체를 완전히 폐지해 버렸으니 이것은 신분제를 바탕으로 성립되었던 중세 봉건 사회의 해체를 의미한다.

1402년 2월 5일

태종, 과전법 개정

1402년 2월 5일 태종은 과전법을 개정하였다. 조선 왕조는 개국 공신들의 사전이 확대되면서 조세 수입이 감소하였으며, 전호 농민과 자영 소농민의 수가 줄어들어 사회 질서가 혼란하였다. 이러한 혼란을 바로잡기 위해서는 사전을 혁파하는 것이 절대적으로 필요하였다. 이에 태종은 전제의 안정과 조세 수취원의 확보를 위해 과전법을 개정함으로써 종래까지 조세가 없던 사원·공신전을 유세지로 편입하였다.

1711년 2월 5일

숙종, 북한산성 축성 결정

숙종은 1711년 2월 5일 북한산을 답사하고 돌아온 총융사 김중기와 사직 이우항의 보고를 받고 북한산성을 축성하기로 결단했다.

북한산성을 축성해야 한다는 주장은 숙종이 즉위한 초기부터 제기되었다. 임진왜란과 병자호란을 겪은 후 국방 의식이 고조된 조선의 관료들은 북한산이 천연의 요새임을 들어 그곳에 산성을 축조할 것을 건의하였다. 숙종은 29년(1703) 좌의정 신완이 올린 상소를 좋게 평가하면서 북한산성의 축성을 결정한 적이 있었다. 그러나 그 결정은 반대론에 부딪쳐 실행되지 못하였다. 반대론자들은 풍수지리와 병자호란 때 맺은 정축 조약 가운데 '성을 수축하거나 낮은 담을 쌓지 못한다'는 조항을 들어 산성 축조를 반대하였다. 그러던 차에 1704년 도성을 개수하기 시작하면서 북한산성의 일은 일단 접어두게 되었다.

이후 1710년 북한산성 축성론이 다시 제기되어 답사를 한 끝에 최종적으로 축성 결정을 내리게 된 것이었다. 그해 3월 산성 축성을 위한 각 부서가 결정되고 4월 3일 공사에 착수하여 10월 25일 완공되었다. 지금 존재하는 산성의 형태는 조선 숙종 37년(1711)에 축조된 것으로 숙종 때 처음으로 축성된 것은 아니었다. 백제의 개루왕이 처음으로 북한산에 성을 쌓았다가 고구려(광개토 대왕, 391~413)와 신라(진흥왕, 540~576)로 넘어갔으며 이때 진흥왕의 순수비가 세워져 지금까지 전해진다.

—

1887년 2월 5일

영국 함대, 거문도에서 철수

—

1887년 2월 5일 영국 함대가 거문도를 불법 점령한 지 22개월 만에 영국기를 내리고 물러갔다. 거문도는 전라남도 여수와 제주도 사이에 위치한 섬으로 고도·동도·서도의 세 섬으로 이루어져 있다. 섬 주변은 수심이 깊어 큰 배가 정박하기 좋을 뿐만 아니라 청나라 · 일본 · 러시아를 연결하는 해상 교통의 요충지이다.

1860년 러시아는 블라디보스토크를 점령하고 베이징 조약을 맺어 연해주를 영유하게 되었다. 그러나 태평양 진출을 위한 부동항의 획득 문제는 계속 숙제로 남아 있었다. 러시아는 1884년 조선과 통상 조약을 체결하면서 조선 진출을 강화하여 조선 정부에 대한 영향력이 커지고 있었다. 그 무렵 밀약설이 흘러 나왔는데 러시아가 조선의 영흥만을 조차한다는 내용이었다.

한편 해상 왕국 영국은 일찍이 거문도의 전략적 가치에 주목하였다. 1845년 영국 군함 사마랑호가 남해 일대를 탐사하면서 거문도에 들렀고 1882년 조선과의 수호를 교섭할 때 거문도의 조차를 제의하기도 하였다. 영국이 거문도를 점령한 것은 러시아의 점령에 대한 예방 조치였으나 보다 직접적인 이유는 블라디보스토크를 겨냥하여 함대의 기지를 확보하는 것에 있었다. 그 당시 러시아가 영국의 보호령 아프가니스탄을 통과하여 아라비아 해로 진출하려 했으므로 영국과 충돌이 일어나게 된 것이다.

영국 내각은 러시아에 대항하는 전략을 세웠으며 거문도를 1년에 5천 파운드에 조차할 것을 조선 조정과 교섭하였다. 청나라는 영국을 비롯한 어느 나라도 조선에 영향력을 확대하는 것을 원치 않았다. 청나라는 영국의 조차를 반대하는 한편 영국과 러시아 간의 중재에 나섰다. 1985년 8월 2일 영국과 러시아의 아프가니스탄 협상이 타결되자 영국의 거문도 점령은 명분을 잃게 되었다. 청나라의 이홍장은 영국이 거문도에서 철수한다면 조선의 영토를 침범하지 않겠다는 약속을 얻어 내고는 영국의 철수를 종용하였다. 결국 영국은 1986년 10월 29일 철수를 통고

하고 거문도에서 물러갔고 러시아는 부동항 확보에 실패하였다.

그러나 청나라는 이 사건을 중재함으로써 영국과 러시아 세력을 조선에서 쫓아내는 성과를 거두었다. 뿐만 아니라 조선에 대한 종주권을 과시하여 내정 간섭을 한층 강화할 수 있게 되었다. 거문도 사건은 영국과 러시아가 아시아 지역의 패권을 차지하기 위하여 겨루는 과정에서 한반도 영토가 유린된 대표적인 사건이었다.

─

2003년 2월 5일

금강산 육로 관광 50년 만에 재개

─

2003년 2월 5일 남북을 오가는 관광 도로가 열렸다. 정몽헌 현대아산 이사회 회장 등 금강산 육로 관광을 위한 사전 답사단은 휴전선을 넘어 북으로 향했다. 사전 답사단 87명은 현대아산 임직원과 통일부 및 관광 업계 관계자로 구성됐다. 민간인들이 판문점을 거치지 않고 남북을 왕래하는 것은 1953년 이후 처음이다. 정 회장이 30년간 북 측과 독점하기로 합의한 대북 사업은 금강산 관광을 비롯해 개성·통천 지역 공단 건설과 운영, 경의선·경원선 등 남북 철도 연결 및 운영, 북한의 유·무선 통신 사업, 발전 시설 건설 등이다.

2004년 7월 금강산 당일 관광과 1박 2일 관광을 시작하였고 2005년 6월에는 금강산 관광객이 100만 명에 달했다. 그러나 2008년 7월 11일 관광객 한 명이 북한군의 피격으로 사망하는 사건이 발생하면서 금강산 관광은 잠정 중단되었다.

1969년 2월 5일

중학교 무시험 입학 추첨 실시

1969년 2월 5일 중학교 평준화 정책의 일환으로 무시험 입학을 위한 추첨이 실시되었다. 1960년대 말 중학교의 입시 경쟁이 치열해지고 과열 과외가 사회 문제가 되자 1969학년도부터 3개년 계획으로 중학교 입학을 무시험 제도로 바꾸었던 것이다. 이에 따라 서울 시내 중학교 입학을 희망하는 학생들은 추첨을 통해 학교를 배정받았다.

이 제도는 시행 3년째인 1971년에는 전국으로 확대되었고 이로 인해 교육 기회의 실질적 확대, 아동의 정상적 발육의 촉진, 초등학교 단계에서의 과열 과외 해소 등 일부 긍정적인 효과를 가져왔다. 하지만 자주적인 학교 운영권과 민주적인 학교 선택권 박탈 등의 부정적 영향도 끼쳤다.

1913년 2월 5일

이인직, 『모란봉』 연재

1919년 2월 5일 우리나라 최초의 신소설가 이인직이 매일신보에 『혈의 누』의 후편 『모란봉』을 연재하기 시작하였다. 주인공 옥련의 17세 이후의 이야기로 남녀 간의 애정 문제를 다루었으나 65회를 끝으로 중단되었다. 이인직의 다른 작품으로는 『귀鬼의 성聲』『치악산』 등이 있다.

—

2009년 2월 5일

한국 천문 연구원,
세계 최초 '두개의 태양' 확인

—

2009년 2월 5일 두 개의 태양 주위를 공전하는 외국 행성계가 한국 천문 연구원에 의해 최초로 밝혀졌다. 우주 연구의 세계 최강인 NASA 에 비해 상대적으로 열악한 환경에서 국내 연구진은 시간의 변화를 이용하여 두 별을 공전하는 행성을 발견하였으며, 세계 최초의 발견으로 미국 천문학회지 2월호 논문에도 게재되었다.

2월 6일

■
·
■

1707년 2월 6일

숙종, 현충사 현판 사액

1707년 숙종은 충청남도 아산의 충무공 이순신 사당에 '현충사顯忠祠'라는 현판을 사액하였다. 이순신이 1598년 노량해전에서 순국한 지 108년 만의 일이었다.

노량해전은 임진왜란의 마지막 싸움으로 이 전투를 마지막으로 7년 간이나 지속되었던 조선과 왜군 간의 전쟁은 비로소 끝이 났다. 임진년에 시작된 전쟁을 종결시키기 위한 회담이 5년 동안 이어졌으나 왜군은 1597년의 제2차 침략을 감행하였다. 이른바 정유재란이다. 그러나 도요토미 히데요시가 병들어 죽자 하는 수 없이 철군하게 되었다. 조선의 국토를 짓밟은 왜군을 그냥 보낼 수 없었던 이순신은 적의 퇴로를 막고 나섰다.

적장 고니시 유키나가는 병선 500여 척을 노량 앞바다에 집결시키고 조선 수군의 공격에 대비하였다. 이에 이순신은 노량 앞바다로 쳐들어가 적선 50여 척을 격파하고 200여 적병을 죽였다. 이 싸움에서 400여 척의 병선을 격파당한 왜군은 남해 방면으로 도망쳤는데, 이순신은 이들을 놓치지 않으려고 필사적으로 추격하였다. 이 추격전에서 이순신은 불행히도 적의 유탄에 맞아 전사하였다.

이순신은 이후 1604년 선무공신 1등이 되었고 덕풍부원군에 추봉되었으며, 좌의정에 추증되었고, 광해군 5년(1613)에 영의정이 더해졌다. 아산의 어라산에 묻혔으며 왕이 친히 지은 비문과 충신문이 건립되었다. 그로부터 100여 년 후 아산 지방의 선비들은 충무공의 얼을 기리기 위하여 조정에 상소하여 사당을 건립하였고, 이듬해 숙종이 현판을 사액하였다.

현충사는 충무공이 무과에 급제할 때까지 살았던 충청남도 아산군 염치읍 백암리 방화산 기슭에 자리 잡고 있다. 이곳에는 충무공의 친필 일기인 난중일기(국보 76호)와 장검(보물 326호) 등이 전시되어 있으며 현충사 외에도 충무의 충렬사, 여수의 충민사 등에 배향되었다.

—

1922년 2월 6일

조선 교육령 개정

—

1922년 2월 6일 조선인 교육에 대한 탄압 정책을 강화하던 일제는 조선 교육령을 개정했다.

새로운 학제는 갑오개혁 다음 해에 발표된 고종의 교육조서가 그 기원이다. 그로부터 고종 42년(1905) 일본과 강제로 을사조약을 체결하기까지 10년 동안 새로운 교육 제도에 관한 규칙이 많이 생겨났다.

그러나 일본은 1911년 식민 통치를 위해 만든 조선 교육령을 필두로 계속 교육령을 개정하여 조선에서의 식민지 교육 체제를 추진하였다.

조선 교육령에 따라 우선 초등교육이 4년제 · 5년제 · 6년제의 보통학교, 심상소학교 그리고 국민학교로 바뀌었고 1940년대에는 그 이름이 국민학교로 고정되었다. 중등 교육기관은 2~3년제의 보통학교 고등과와 고등소학교, 각 5년제의 실업학교, 고등보통학교, 여자고등보통학교, 고등여학교 등이 나중에 중학교로 통일되었다. 그리고 고등 교육기관은 전문학교(3~4년제)와 대학예과(2년제)를 거쳐 대학으로 이어졌다. 그 밖에 교원 양성 기관으로 사범 학교(6년제)가 있었고, 단기 과정으로 사범 학교 특과(2~3년제)도 있었다.

1948년 대한민국 정부가 수립되고 헌법이 공포된 뒤 1949년 12월 31일 교육법을 제정하고 미국의 단선형 학제 중에서 가장 널리 활용되던 6·3·3·4제 학제를 도입하였는데 이것이 오늘날의 교육 제도로 완성되었다.

2003월 2월 6일

생명 윤리 및 안전에 관한 법률안 확정

2003년 2월 6일 '생명 윤리 및 안전에 관한 법률안(생명 윤리법)'이 정부안으로 확정됐다. 이 법안은 체세포 복제 허용을 요구해온 의학·과학계의 의견을 일부 받아들인 것으로 난치병 치료 목적의 체세포 복제를 허용했다. 생명 윤리법은 인간 복제 행위는 금지하고 치료 목적의 줄기 세포 연구는 제한적으로 허용하는 것을 주요 내용으로 한다.

2000년 1월 생명 윤리 법안 제정 계획이 발표된 이후 유전자 복제 연구와 관련하여 과학계·종교계·사회단체 간에 심각한 논란이 제기되면서 진통을 겪은 후 새로운 법안이 나오게 된 것이었다. 시행령과 규칙에 따르면 불임 치료법 개발을 위한 배아의 연구는 허용되지만 정자·난자의 상업적 유통은 금지된다. 또 병원과 벤처 기업 등 유전자를 검사하는 기관은 모두 보건 복지부에 신고해야 하며 해마다 정확도 검사를 받아야 한다.

1996년 2월 6일

재난 신고 119로 일원화

1996년 2월 6일부터 모든 재난 사고의 신고 전화는 '119'로 변경되었다. 이전까지 가스 사고의 경우 0019, 구급신고는 129, 주민불편신고는 120으로 신고해야 하는 등 전화번호가 달라 비상시 어려움이 많았다. 이를 개선하기 위해 각종 재난 신고 접수는 다이얼 '119'로 일원화했다. 이와 함께 휴대용 전화기를 통한 신고도 국번 없이 119만 누르면 가장 가까운 소방서에 접수될 수 있도록 하였다.

1973년 2월 6일

파월 백마 부대 귀국

1973년 2월 6일 국방부 지령 제3호에 의거하여 제2차 파월 전투 사단으로 지명되었던 백마 부대가 귀국하였다. 백마 부대는 1966년 5월 맹호 부대에 이어 파월 부대로 선정되어 그해 8월 베트남으로 이동하였다. 총 100,376명이 참전하여 월맹군 제18연대를 비롯한 베트공을 섬멸하였다. 베트남 나트랑에 주둔하여 불도저 작전, 백마 작전 등을 수행하였으며 귀국 후 주요 지역에 주둔하면서 전략 예비 부대로 활동하였다.

2001년 2월 6일

북한-캐나다 국교 수립

2001년 2월 6일 북한이 캐나다와 국교 수립을 발표하였다. 2000년 대 들어서 북한은 유럽 연합 8개국을 포함하여 오스트레일리아 · 터키 · 브라질 · 뉴질랜드 · 쿠웨이트 · 바레인 등과, 2002년 11월에는 동티 모르와 국교를 수립하였다. 2009년 북한이 외교 관계를 맺고 있는 나라는 모두 160개국으로 이 중 157개국은 남한과 북한이 동시에 국교를 맺었다. 이 외에도 북한은 유엔 체제 기구 28곳, 정부 간 국제기구 18곳 등에 가입하였다.

2월의
모든 역사

2월 7일

■
■
■

1151년 2월 7일

고려의 문신, 김부식이 사망하다

신 부식은 아뢰오니 고대의 열국에서도 각기 사관을 두어 시사를 기록한 일이 있으므로 맹자는 가로되 '진의 승, 초의 도올, 노의 춘추가 다 한 가지'라고 하였습니다. 우리 동방 삼국에 있어서도 역년이 오래되어 마땅히 그 사실을 서책에 기록해야 할 것이므로 노신을 명하여 이것을 편수케 하심인데 스스로 돌아보건대 부족함이 많아 어찌할 바를 모르겠습니다.

이것이 비록 명산에 비장할 거리는 되지 못하나 간장병 뚜껑과 같은 무용의 것으로는 돌려보내지 말기를 바랍니다. 신의 구구한 망의는 천일이 비추어 내려다볼 것입니다.

『삼국사기』

김부식은 신라 왕실의 후예로 고려의 유학자이자 역사가였다.

김부식의 가문은 경주의 유력한 토착 세력으로 증조부 위영은 왕건에게 귀의하여 경주의 주장으로 임명되었다. 그 후 부친인 김근이 과거에 합격해 중앙 정계에 진출하였다. 그는 아들을 여럿 두었는데 부필 · 부일 · 부식 · 부철이 그들이다. 이들 네 형제는 모두 과거에 합격하여 장남 부필을 제외한 3형제는 당시 선망의 대상이던 한림직에 기용되어 가문을 빛냈다. 옛 제도에는 세 아들이 과거에 오르면 그 어머니에게 해마다 쌀 30섬을 급여하였는데 이때 10섬을 더 주는 것으로 바꾸었다.

김부식은 숙종 초년에 과거에 합격하여 사록과 참군사를 역임하고 직한림에 임명되었다. 이후 한림원에서 장기간 근무하며 학문을 발전시켜 예종과 인종 대에 경사를 도맡아 강의하였다. 이자겸이 정권을 장악하자 여러 차례 그에 대한 특례 문제가 제기되었는데 김부식은 그때마다 반대하였다.

"하늘에 두 해가 없는 것처럼 왕은 오직 하나입니다. 비록 외조부라고 해도 그는 신하임에 분명합니다. 다만 가정 안에서 외조부 대우를 하는 것은 사람으로서 당연한 일이지만 공적으로는 신하로 대해야 합니다."

이것은 김부식이 얼마나 유교 이념에 충실했는지 잘 보여 준다. 이자겸의 난이 실패로 끝나자 김부식의 정치적 위상은 크게 높아져 재상직인 중서문하평장사에 올랐다. 이즈음 개경은 이자겸의 난을 겪은 뒤끝이라 뒤숭숭했고 금나라가 동아시아의 새로운 강자로 등장하자 고려는 신하의 예를 취하였다.

이런 분위기를 틈타 묘청을 중심으로 서경 천도설이 유포되었는데

'개경은 이미 운세가 다하여 궁전이 불타게 된 것이다. 운세가 성한 서경으로 수도를 옮기면 금을 멸망시킬 수 있고 이웃 나라들이 따르게 될 것이다'라는 내용이었다. 그러나 김부식을 중심으로 한 개경 세력은 강한 제동을 걸었다. 결국 1135년 묘청이 반란을 일으키자 김부식은 진압군의 총수로 임명되어 성공적으로 진압하였다. 그 공로로 김부식은 인종의 절대적인 신임 속에 문하시중으로 등용되었다.

김부식은 묘청을 토벌하고 서경에서 개선하자 자신의 막료였던 윤언이를 탄핵하여 좌천시켰다. 묘청과 한 패거리로 몰린 정지상과의 교분을 죄목으로 삼았지만 사실은 개인적인 악감정이 크게 작용했다. 인종은 1140년 사면령을 내려 윤언이를 다시 개경으로 불러올리고자 하였다. 김부식은 정치적 보복이 두려워 세 번이나 사직을 청하였다. 이 무렵 그의 든든한 동지였던 형과 동생도 모두 세상을 떠났고 우군이던 정습명도 탄핵을 받아 김부식은 정치적으로 매우 고립된 상태였다.

인종은 김부식의 쓸쓸한 정계 은퇴를 위로하고자 8명의 젊은 관료를 보내 『삼국사기』를 편찬케 하였다. 이자겸의 난으로 많은 사료들이 불탄 이유도 있지만 이를 통해 왕실의 권위를 높이고자 하는 목적도 있었다. 김부식은 5년간의 작업 끝에 『삼국사기』를 완성하여 인종이 죽기 직전 진상하였다. 김부식은 송나라에 몇 차례 사행을 다녀왔는데 당시 사마광이 편찬한 『자치통감』에서 사관을 정립하는 데 큰 영향을 받았다고 한다. 마침내 의종 5년 2월 김부식은 77세의 나이로 생을 마감하였다.

『삼국사기』는 삼국의 정치·경제·사회·문화 전반에 걸쳐 서술한 기전체의 사서이다. 총 50권으로 본기 28권, 표 3권, 지 9권, 열전 10권으로 이루어져 있다. 『삼국사기』는 오랫동안 사대주의에 매몰된 김부

식의 역사의식이 반영되어 있다는 비판을 받았다. 또한 너무 신라 중심
으로 기술되지 않았느냐는 지적도 있지만『삼국사기』는 현재 전해지는
금석문의 내용과 비교해 보아도 그 내용이 정확하며『삼국유사』와 더
불어 우리 고대사의 가장 중요한 사료이다.

* 1135년 1월 4일 '묘청, 서경에서 난을 일으키다' 참조

—

1410년 2월 7일

주자소에서 서적 판매

—

태종은 문헌을 널리 보급시킬 목적으로 1410년 2월 7일부터 주자소
에서 인쇄 · 간행한 서적을 판매하도록 하였다. 학문 권장을 중시했던
태종은 서적을 간행하고 보급하기 위해 즉위 3년인 1403년 승정원 아
래 주자소를 설치하였다. 그와 동시에 동활자 주조에 착수하여 수개월
만에 완성한 것이 계미자이다. 계미자의 주조로 인쇄 기술이 발달하여
주자소에서 책을 찍어 팔 수 있게 되었다.

1947년 2월 7일

이승만, 남한의 과도 정부 수립 지시

1947년 2월 7일 도미 중인 이승만은 남한의 과도 정부 수립을 전문으로 지시하였다.

이승만은 좌우 합작만을 옹호하고 있는 미군정을 상대로 자신의 주장을 관철시킬 수 없다는 판단 아래 미국 정부를 상대로 단정 운동을 전개하였다. 이승만은 1946년 12월 4일 서울을 출발하여 귀국할 때까지 약 5개월 동안 미국을 방문하였다. 그는 올리버·프레스턴 굿펠로우·윌리엄스·존 스태거 등 미국인들의 사조직을 동원하여 한국에 단정을 수립할 것과 한국 문제를 미소 협상의 차원을 떠나 유엔에 이관할 것 등을 주장하였다.

결국 해방 직후 이승만의 이러한 활동은 수많은 정치 세력들을 물리치고 미국의 지원하에 단독 정부를 수립하고 그 수반으로서 자리를 굳히는 것을 가능하게 하였다.

1971년 2월 7일

한국군, 휴전선 방어 업무 전담

1971년 2월 7일 정부는 판문점 주변을 제외한 전방의 방위를 우리 국군이 전담키로 결정하였다.

1969년 7월 미국은 '전쟁 발발 시 자국 방어의 일차적 책임은 당사국이 져야 한다'는 닉슨 독트린을 발표하였다. 닉슨은 주한 미군 2만 명을 철수할 계획을 세웠으나 이를 우리나라에 공식 통보한 것은 1970년 7월 6일이었다. 이에 충격을 받은 우리 정부는 강력하게 반대하였으나 1970년 후반부터 1971년 3월까지 미 7사단과 3개의 공군 비행 대대가 철수하였다.

한국 서부 전선에 배치되었던 주한 미 제7사단이 철수함으로써 한국군이 휴전선 방어 임무를 전담하게 되었다.

2월의
모든 역사

2월 8일

■
·
■

1398년 2월 8일

숭례문이 창건되다

태조 6년 정월에 황해도에서 장정을 동원하여 성벽을 보수하고 동대문에 옹성을 쌓았으며 8월에는 경기도 사람들을 불러다 성벽의 무너진 부분을 수축하였다. 이로써 도성 축조는 일단락되었으나 남대문은 그 이듬해 2월에 가서야 완공되었다. 정도전은 새로 이룩된 궁궐을 경복궁, 법전을 근정전으로 하는 등 여러 전각의 이름을 지어 바쳤고 도성 4대문과 4소문의 이름, 방리의 명칭까지도 지어 아뢰었다.

신영훈, 『한국사』

서울은 오랜 역사만큼이나 많은 문화유산을 지니고 있다. 국보 1호인 남대문을 비롯하여 2호인 원각사지 10층 석탑, 3호인 북한산 진흥왕 순수비 등 180여 종의 국보와 보물 1호인 동대문 등 220여 종의 보물 등이 서울에 소재하고 있다. 또 풍납토성과 독립문 등 사적들도 부지기수이다.

남대문은 서울 도성의 남쪽 정문으로 본래 숭례문이 진짜 이름이다. 흥인지문이 보통 동대문으로 불리는 것처럼 방위 개념의 명칭으로 변화된 것이다. 남대문은 태조 7년(1398)에 창건된 후 몇 차례의 개수를 거쳐 오늘에 이르고 있다. 기단의 양측에는 원래 성벽이 연결되어 있었으나 1908년 길을 내기 위하여 헐어 냈다. 돌을 높이 쌓아 만든 석축 가운데 아치 모양의 출입구를 두고 그 위에 정면 5칸, 측면 2칸으로 2층을 올렸다.

현재의 지붕은 앞에서 보면 사다리꼴로 보이는 우진각 지붕이지만 당초에는 평양 대동문 또는 개성 남대문과 같은 팔작지붕이었다는 것이 해체 · 수리 때 조사에서 드러났다. 공포는 기둥 위와 기둥 사이에 모두 설치되어 있는 전형적인 다포 양식이다. 한마디로 남대문은 외관이 웅장하고 내부 구조가 견실하여 수도의 정문으로 손색없는 조선 초기의 대표적인 건축물이라고 할 수 있다.

이수광의 『지봉유설』에 따르면 숭례문 현판의 글씨는 양녕 대군이 직접 쓴 것으로 기록되어 있다. 숭례문의 례禮자는 오행으로는 火가 되고 오방으로는 남쪽을 가리킨다. 가로로 쓰는 다른 문의 편액과 달리 숭례문이 세로를 고집한 것은 이유가 있다. 숭례의 두 글자가 불꽃을 의미하여 경복궁을 마주보는 관악산의 화산에 대응하여 화기를 누르기 위해서였다. 반면에 흥인지문의 인仁은 木에 해당되고 동쪽을 가리킨다.

그렇다면 왜 남대문이 국보 1호가 되었을까? 1호, 2호라고 칭하는 지정 번호는 가치의 높낮이가 아니라 지정된 순서를 말한다. 그러나 남대문과 동대문이 국보와 보물로 달리 지정된 것은 그만큼 양자의 가치에 차이가 있기 때문이다. 우선 남대문이 정문이라는 점에서 그 중요성이 인정되었고 건축 시기에 있어서도 동대문보다 앞섰다는 점을 꼽을 수 있다. 건축 기술면에서도 남대문이 동대문을 능가한다.

1996년는 남대문이 국보 1호로 지정된 것과 관련하여 거센 홍역을 치른 바 있다. 훈민정음이나 석굴암 같이 역사적·예술적 의의가 큰 유산이 많은데 남대문이 국보 1호를 차지해서는 안 된다는 것이었다. 이에 대해 당시 문화재 관리국에서는 국보나 보물에 매기는 번호는 단순한 관리 번호이지 결코 우열을 나타내는 것이 아니라고 해명하였다. 또 새로이 번호를 교체할 경우 그에 따르는 행정력의 낭비가 만만치 않다며 기존 체제를 옹호하였다.

그런데 최근 일제 시대에 남대문과 동대문이 돈의문처럼 해체되지 않고 보존된 것은 일본의 조선 침략 승전의 상징물이었기 때문이라는 주장이 나왔다. 일본의 한국 근현대 연구자인 오타 히데하루에 따르면 이들 건축물은 원래 철거되거나 이전되기로 계획되어 있었다. 하지만 임진왜란 때 일본군의 두 선봉장인 가토 기요마사와 고니시 유키나가가 입성해 서울을 함락시킨 자랑스러운 기념물이라고 해서 보존되었다는 것이다. 그리고 이러한 유물 관리 정책은 평양성 일대에 현존하는 현무문·칠성문·보통문·모란대·을밀대·만수대 등에도 그대로 적용되었다. 즉 일본의 입장에서는 문화재적인 가치보다 자신들 역사와의 상관성이 유물을 평가하는 기준 잣대였던 것이었다.

2006년 3월부터 서울시는 숭례문의 중앙 통로를 일반인에게 개방하였다. 그러나 2008년 2월 10일 숭례문에 발생한 화재로 목조 건물의 일부와 석축 기반을 남기고, 석축을 제외한 2층 누각이 모두 붕괴되었다. 현재는 서울 중구청에서 외부인의 접근을 통제하기 위한 가림막이 설치되어 있다. 문화재청은 2012년 12월 말까지 소실된 숭례문의 복구공사를 마무리할 방침이다.

—

1329년 2월 8일

문익점 출생

—

조선에 의복 혁명을 가져온 문익점은 1329년 2월 8일 진주 강성현 (지금의 산청)에서 태어났다. 그는 1363년 계품사 이공수를 수행하여 서장관으로 원나라에 갔다가 돌아오면서 목화씨 10개를 붓대 속에 숨겨 왔다.

당시 고려는 중국에서 면포를 수입하고 있었지만 값이 워낙 비싸 일반 서민에게는 그림의 떡이었다. 원나라에서 목화를 본 문익점은 씨를 재배하면 온 나라 백성들이 따뜻하게 겨울을 보낼 수 있으리라 생각하였다. 그리고 그는 고향으로 돌아와 장인 정천익에게 목화씨를 주고 시험 재배를 부탁하였다. 정천익은 정성껏 재배하였으나 한 개만이 살아 꽃을 피웠으며 나중에 씨를 따니 100개가 넘어 이웃 사람에게 골고루 나누어 주었다. 이후 목화에서 실을 뽑고 면포를 짜는 기술이 개발되어 온 나라에 널리 퍼졌다.

면화의 생산과 면포의 등장은 의류 생활에 큰 변화를 가져왔으며 직조 수공업과 상업의 발달을 촉진하였다. 이후 문익점은 공양왕 때 이성

계 일파가 추진한 전제 개혁에 반대하다가 탄핵되어 쫓겨났으나 1440
년 영의정에 추증되었다.

___

1919년 2월 8일

2 · 8 독립 선언서 발표

___

1919년 2월 8일 오후 2시, 도쿄에 있는 조선 기독교 청년 회관에서는
600여 명의 유학생들이 참가한 가운데 역사적인 2 · 8 독립 선언식이 거
행되었다. 백관수가 2 · 8 독립 선언문을 낭독하자 회의장은 독립을 열
망하는 열기로 달아올랐다. 그러나 곧 들이닥친 일경들에 의해 해산되
었으며 학생 대표 10여 명이 체포되었다.

이들 유학생들은 1919년 1월 6일 개최한 웅변대회에서 독립운동을
구체적으로 실행할 것을 결의하고 최팔용 · 서춘 · 백관수 · 송계백 등
10명의 실행 위원을 선출한 바 있었다. 실행 위원들은 먼저 조선 청년
독립단을 조직하고 독립 선언서를 기초하였으며 이광수는 문안을 작성
하였다. 이 선언서는 3 · 1 운동 발단에 직접적인 영향을 미쳤으며 최남
선이 '3 · 1 독립 선언서'를 기초할 때 참고하였다.

독립 선언에 앞서 2월 8일 오전 10시 조선 청년 독립단 대표들은 전
날 준비한 독립 선언서와 결의문, 민족 대회 소집 청원서를 도쿄 주재
각국 대사관 및 공사관, 일본 정부와 국회, 조선 총독부, 도쿄와 각 지역
의 신문사와 잡지사, 학자들에게 우편으로 발송하였다. 2 · 8 독립 선언
은 조선이 유구한 역사를 가진 자주 독립국임을 강조하였으며 일제의
침략과 국권 찬탈이 사기와 폭력에 의한 것임을 규탄하고 식민지 정책

의 야만성을 고발하였다. 또한 최후의 한 사람까지도 영원한 혈전을 불사할 것임을 밝힘으로써 강렬한 독립 의지를 천하에 선언하였다.

—

1944년 2월 8일

일제, 징용제 실시

—

일제는 1944년 2월 8일 국민 총동원법에 의거하여 징용제를 실시하였다. 애초에 일제는 1938년 4월 1일 전문 50조와 부칙으로 되어 있는 국민 총동원법을 제정 · 공포하고 5월 5일부터 시행하였다. 처음에는 총독부의 알선 형태로 시행되었으나 전쟁이 막바지에 이르면서 강제로 이루어졌다. 강제 징용은 조선의 모든 젊은이를 대상으로 하였으며 길에서 잡아가거나 한 마을을 습격하여 모두 연행하는 등 폭력적인 방법으로 행해졌다. 이렇게 연행된 징용자들은 광산이나 군수 공장 등에 끌려가 가혹한 노동을 강요당하였으며 이때 끌려간 노동자들은 대부분 죽거나 실종되었다.

—

1572년 2월 8일

남명학파 태두 조식 사망

—

1572년 2월 8일 남명학파를 이룬 조식은 만년의 은거지로 삼은 지리산 아래 덕산의 산천재에서 생을 마감했다.

조식은 1501년 삼가현(지금의 합천) 토골 외가에서 태어나 유년 시절을 보냈다. 그는 평소 성수침·성운 등과 교제하며 학문에 열중하였으며 선비의 출처에 대한 원나라 학자 허형의 글을 읽고 깨달은 바가 있어 과거를 포기하고 성리학에 전념하였다.

30세 때부터는 처가가 있는 김해로 가서 학문에만 전념하였으며, 45세 때 고향 삼가현에 돌아와 계복당과 뇌룡정을 짓고 제자들 교육에도 힘썼다. 명종과 선조가 여러 번 벼슬을 내렸지만 거절하고 처사로 자처하며 학문에만 전념하였다. 그런 그의 명성을 듣고 많은 제자들이 찾아와 남명학파가 형성되었는데 오건·최영경·정인홍·김우옹·정구 등이 대표적인 제자들이다.

남명학파의 학자들은 동인으로 퇴계와 정치적 입장을 같이 하였으나 남북 분당으로 북인이 되었다. 조식의 주된 관심은 심성의 탐구보다는 도덕의 실천이었다. 그의 학문은 경敬과 의義로 집약되어 마음을 경의로써 함양하고 의로써 성찰하면 본성을 잃지 않는다는 것이었다.

저서에는 문집『남명집』과 그가 독서 중 차기箚記 형식으로 남긴『학기유편』이 있고 작품으로『남명가』『권선지로가』등이 있다.

——

1988년 2월 8일

국내 첫 인공 심장 개발

——

1988년 2월 8일 서울대 의공학과 민병구 박사팀이 세계 최소형 모터식 인공 심장을 개발했다고 발표했다. 민병구 박사팀은 1986년부터 정부의 특정 연구 개발 사업으로 인공 심장 개발을 추진하여 그동안 미국과 일본에서 개발된 모터 고정식 인공 심장에 비해 크기가 3분의 1 이상 줄어든 모터 이동식 인공 심장을 개발하는 데 성공하였다.

새로 개발된 인공 심장은 인체에 악영향을 미치는 혈전 등이 형성되지 않는 폴리우레탄 재질을 이용하여 좌우 심실 사이를 박동 모터가 이동할 수 있도록 설계되었다. 또한 심장 용적이 500cc, 무게 600g 정도로 인체에 무리 없이 이식할 수 있다는 특징이 있다.

—

1948년 2월 8일

북한, 조선 인민군 창설

—

북한은 1948년 2월 8일 조선 인민군을 창설하였다. 북한의 군대는 1945년 소련군정 아래 조직된 보안대에서 시작되었다. 이후 소련은 평양 학원을 세워 정치·군사 간부를 양성하고 보안대를 지도하였다. 북한군은 조선 인민군을 비롯하여 인민 경비대·노농 적위대·붉은 청년 근위대 등으로 구성되어 있고 최고의 군사 지도 기관은 국방 위원회이며 국방 위원장이 국방 사업 전반을 지휘한다.

2월의
모든 역사

2월 9일

■
．
．
．
■

1614년 2월 9일

영창 대군 피살

1614년 선조 임금의 아들 영창 대군이 강화부사 정항에 의하여 살해 당했다.

선조에게는 광해군과 임해군 등 13명의 왕자가 있었으나 모두 정비 의 소생이 아니었다. 선조는 말년에 김제남의 딸을 왕비로 맞아들였는 데 그가 바로 인목 대비이다. 인목 대비가 아들을 낳자 선조는 이미 세 자로 책봉한 광해군 대신 영창 대군을 왕세자로 책봉하려고 영의정 · 유영경 등과 비밀리에 의논하였다.

그러나 선조가 갑자기 세상을 떠나자 광해군이 왕위에 올랐다. 광해 군은 대북파인 이이첨 등을 등용하여 형 임해군을 죽이고 인목 대비를 서궁에 유폐한 뒤 인목 대비의 아버지 김제남을 죽였다. 그리고 동생 영창 대군도 역모죄를 뒤집어 씌워 서인으로 강등시키고 강화에 유배 보냈다.

1904년 2월 9일

일본군, 국외 중립 선언을 무시

1904년 2월 9일 일본은 우리 정부의 국외 중립 선언을 무시하고 인 천에 군대를 상륙시켰다.

아관 파천하였던 고종이 경운궁으로 돌아와 대한제국의 출범을 선포하였지만 한반도는 여전히 열강의 각축장이었다. 특히 러시아와 일본은 수차례 교섭을 가졌으나 타협점을 찾지 못하였다. 이에 우리 정부는 러시아와 일본 간의 전쟁 위험이 높아지자 1904년 1월 23일 국외 중립을 선언하였다. 벨기에 고문 등의 협조로 국외 중립 선언을 준비하고 프랑스 공사관의 협조를 얻어 각국에 선언문을 발송하였다.

그러나 러시아와 국교를 단절한 일본은 2월 9일 인천으로 쳐들어왔다. 2월 10일에는 러시아에 정식으로 선전포고를 함으로써 우리 국토는 무서운 전쟁터로 변하고 말았다. 주한 일본 공사 하야시는 고종을 알현하고 중립을 버리고 일본에 협력할 것을 강요하였으며 국외 중립 선언을 송두리째 무시해 버렸다. 그리고 군대를 앞세워 한일 간의 의정서 체결을 강압하였다. 또한 의정서 체결을 극력으로 반대한 중립 추진 세력 탁지부대신 겸 내장원경 이용익을 일본으로 납치하고 그 밖의 반대자는 철저히 감시하였다.

1904년 2월 23일 공수 동맹을 전제로 한 한일 의정서가 체결되자 일본은 대한제국에 대한 정치적 · 군사적 간섭을 합리화하였다.

1967년 2월 9일

한미 행정 협정 발효

1967년 2월 9일 한국 정부 대표인 한국 외무부 장관과 미국 정부 대표인 미국 국무 장관 사이에 조인된 한미 행정 협정SOFA이 발효되었다. 한미 주둔군 지위 협정으로도 약칭되는 이 협정은 '대한민국과 아메리카 합중국 간의 상호 방위 조약 제4조에 의한 시설과 구역 및 대한민국에서의 합중국 군대의 지위에 관한 협정'이 공식 명칭이다.

6 · 25 전쟁에 참전한 미국군은 1953년 7월 휴전 협정 조인 이후 한미 상호 방위 조약에 따라 한국에 계속 주둔하였다. 따라서 한국에 주둔하는 미국 군대의 법적 지위에 대한 한미 양국 간 합의된 규정이 필요하였다. 한미 주둔군 지위 협정은 우방국 군대의 원활한 임무 수행을 위해 일정 범위의 특권과 면제를 규정한 것이다.

그러나 이 협정 중 형사 재판권(22조) 규정은 불평등 조항으로서 개정 문제가 끊임없이 제기되었다. 이후 양국 간의 협의에 의하여 1991년 2월 1일 제1차 개정에 이어 2001년 1월 제2차 개정이 이루어졌다.

1971년 2월 9일

제3차 경제 개발 5개년 계획 발표

1972~1976년 사이에 추진될 제3차 경제 개발 5개년 계획이 1971년 2월 9일 발표되었다. 1962년에 시작된 경제 개발 계획은 성장 여건의 조성과 양적 성장에 치중하였으나 3차 계획은 질적 충실화를 기하고자 하였다. 계획의 주요 목표는 산업 구조의 고도화, 국제 수지의 개선, 주곡의 자급, 지역 개발의 균형 등 성장과 안정의 균형을 추구하였다.

계획의 추진 결과 철강 · 기계 · 전자 공업 · 조선 공업 등 중공업의 성장으로 산업 중 중화학 공업의 구성 비율이 상승하여 자본재의 자체 충당률이 높아졌다. 또한 민간 부문의 기업 활동이 촉진되었고 신흥 공업국의 면모를 갖추기 시작하였다. 그리하여 1976년에는 수출이 78억 1천만 달러를 기록하였다.

2000년 2월 9일

뇌사 공식 인정

우리나라에서도 뇌사가 공식적으로 인정됐다. 정부는 2000년 2월 9일 국무회의를 열어 '장기 등 이식에 관한 법률 시행령' 개정안을 의결하고 장기 매매를 임의로 알선하거나 교사하면 2년 이상 징역에 처한다고 발표했다. 시행령은 장기 기증자 및 이식 대기자에 대한 모든 정보를 국립 장기 이식 관리 기관에서 통합하고 관리함으로써, 장기를 이식받을 사람을 신속하고 공정하게 선정토록 했다.

1971년 핀란드가 처음 뇌사를 공식 인정한 이후 미국·영국·일본 등 16개국이 뇌사를 공식 인정했다. 그동안 무법 상태에서 행해졌던 뇌사자 장기 기증이 합법화되면서 뇌사자 장기의 배분에서 효율성과 형평성을 꾀할 수 있게 되었다.

2월의
모든 역사

2월 10일

■
■
■

1363년 2월 10일

조선의 문신 황희가 태어나다

하루는 집의 하녀 둘이 싸우다가 황희에게 와서 하소연하였다. 먼저 한 하녀가 자기의 주장을 늘어놓자 황희가 말하였다. "그래, 네 말이 옳다." 그러자 다른 하녀가 그것을 반박하면서 자기가 옳다고 주장하였다. 그러자 "그래, 네 말도 옳다."며 양쪽의 손을 모두 들어주었다.

이를 지켜보던 부인이 "두 사람이 싸웠으니 한 쪽이 옳으면 한 쪽이 그른 것인데, 어찌 양쪽이 모두 옳다고 하십니까? 한쪽은 틀려야지요." 하고 따지듯 말하였다. 이에 황희는 "당신의 말 또한 옳소"라고 하였다.

조선 시대의 재상 가운데 황희는 조선조 4대에 걸쳐 50여 년이 넘는 세월을 국가에 봉직했는데 영의정 19년을 포함하여 무려 24년간 정승 직에 있었다. 고려에서의 관직 생활 10여 년까지 보태면 아마도 동서 양을 통틀어 역사상 유례가 없는 오랜 관료 경험일 것이다. 가장 성공 적인 치세로 평가받는 세종 시대의 영광도 사실 황희가 있었기 때문 이었다.

황희는 1363년 개성에서 판강릉부사인 군서의 둘째 아들로 태어났 다. 17세에 처음 최씨와 결혼했지만 몇 년 뒤 세상을 떠나는 바람에 26 세 되던 해 다시 청주 양씨를 맞아 재혼하였다.

고려가 멸망하고 조선이 건국되자 황희는 일생일대의 고비를 맞았 다. 일단 두문동에 들어가 은신하긴 했지만 조선의 간곡한 부름에 응할 것인지 아니면 고려의 충신으로 명예롭게 남을 것인지 선택해야 했기 때문이다. 이때 그의 나이 30세였다.

결국 젊고 유능한 인재는 새 왕조에 출사하여 백성들을 보살펴야 한 다는 중론에 밀려 두문동을 나와 성균관에 복직했다. 이후 좌천과 면직 그리고 복직을 거치는 등 시련을 겪었지만 40세에 이르러 태종에게 본 격 발탁되었다.

왕권 강화에 대한 태종의 강한 의지를 간파한 황희는 당시 태종의 처 남으로 횡포를 저지르던 민무구 형제를 앞장서 탄핵했다. 『조선왕조실 록』은 '황희가 공신은 아니지만 공신 대우를 하였고, 하루라도 보지 못 하면 반드시 불러서 보곤 했다'고 기록할 만큼 황희에 대한 태종의 신 임은 각별했다. 황희는 6조 판서를 모두 거치며 그야말로 거칠 것 없이 탄탄대로를 달렸다.

그러나 태종 18년 양녕 대군의 폐세자 문제라는 커다란 암초에 부딪했다. 태종은 셋째인 충녕 대군에게 왕위를 물려줄 생각을 굳혔기 때문에 세자인 양녕 대군을 폐하고자 하였다. 그러나 황희는 그것의 부당성을 지적하며 적극적으로 반대하였다. 황희의 이러한 반응은 태종의 심기를 더욱 불편케 했고 혹시 다른 마음을 품은 것은 아닌가 하는 의심까지 들게 했다. 이에 태종은 황희의 관직을 빼앗고 교하로 유배시켰다가 다시 남원으로 내려보냈다.

세종 4년에 황희는 다시 조정의 부름을 받았다. 물론 여기에는 상왕으로서 아직 군사와 인사권 등 실질적인 권력을 장악하고 있던 태종의 의사가 반영되었다. 그는 황희야말로 세종을 도와 성덕을 펼칠 가장 핵심적인 인물로 점찍었던 것이다. 복직 다음 해인 세종 5년 황희는 강원도 관찰사로 임명되어 굶주림에 허덕이던 백성들을 구제하였고 이로 인해 세종의 두터운 신임을 샀다. 다시 내직으로 돌아와 이조판서, 우의정, 좌의정을 거쳐 69세에 드디어 영의정에 올랐다. 이후 연로함을 핑계로 사직을 청하였지만 세종은 업무를 줄여줄 뿐 허락하지 않았다.

87세에 비로소 사직이 받아들여지자 그는 파주에 있는 반구정에서 휴양하며 만년을 즐겼다. 그렇게 자연을 벗 삼아 지내다가 90세 되던 해에 조용히 눈을 감았다. 조정에서는 사흘 동안 조회를 정지했고 그를 세종 묘에 배향하였다.

676년 2월 10일

의상대사, 부석사 창건

676년 의상대사가 영주 봉황산에 부석사를 세웠다. 부석사는 화엄 십

찰의 하나로 이후 의상이 화엄 사상을 널리 펼친 근본 도량이 되었다.

의상대사는 19세에 경주 황복사에서 출가하여 661년 당나라로 건너가 중국 화엄종 제2조인 지엄의 문하에서 10년간 삼장(불교의 기본이 되는 경·율·논)을 배웠다. 그는 신라로 돌아온 후 676년 부석사를 창건하고 40일 동안 법회를 열어 화엄의 일승 십지를 설법함으로써 화엄종을 펼치기 시작하였다. 후학의 양성에도 힘써 오진·지통 등 10대덕이라 불리는 고승을 비롯하여 3,000명이나 되는 제자가 있었다.

의상의 부석사 창건에는 재미있는 설화가 전해진다.

의상은 당나라에 도착하여 신심 깊은 불교 신도의 집에 며칠 머물게 되었는데 그 집에는 선묘라는 예쁜 딸이 있었다. 그녀는 의상을 깊이 사모하게 되었고 의상이 적산법화원에서 아침저녁으로 탁발을 나설 때마다 멀리서 바라보며 흠모했다. 선묘는 의상이 절 밖으로 나오기를 기다려 마음을 전하려 했으나 의상은 끝내 받아들이지 않았다. 하는 수 없이 선묘는 의상의 제자가 되어 불사의 성취를 돕기로 결심하였다. 의상은 지엄의 문하에서 공부를 마친 후 고국으로 돌아가게 되었다.

의상이 신라로 돌아가기 위해 등주 항구에 나타났다는 소문을 들은 선묘는 손수 지은 법복을 전해 주려고 바닷가로 갔으나 이미 의상을 태운 배는 항구를 떠나고 있었다. 선묘는 법복이 무사히 전달되도록 마음속으로 빌면서 배를 향하여 던졌고 법복은 무사히 의상의 품 안으로 떨어졌다. 그리고 선묘는 용이 되어서라도 의상을 따라가겠다고 기도하면서 황해 바다에 몸을 던졌다. 하늘의 감동으로 용이 된 선묘는 의상이 탄 배를 호위하여 무사히 신라까지 올 수 있었다.

의상은 문무왕의 명을 받고 부석사 터에 절을 지으려 했으나 이미 이곳에는 5백여 명의 다른 종파 승려들이 자리 잡고 있었다. 이들의 반발에 부딪힌 의상은 마음속으로 부처님에게 어려움을 호소하였다. 그러자 갑자기 하늘에서 바위로 변한 선묘의 용이 나타나 3일 동안 공중에 머무르며 불승들을 위협하자 그들이 모두 달아나 버렸다. 의상은 이곳에 절을 짓고 부석사라 하였는데 부석사에는 선묘와 관련한 전설이 전하는 곳으로 부석 · 선묘각(선묘상을 모신 사당) · 선묘정 · 석룡 등이 있다.

1948년 2월 10일

김구, 남한 단독 정부 수립 반대 성명

1948년 2월 10일 김구가 '삼천만 동포에게 읍고泣告함'이라는 성명서를 신문에 발표하였다.

1947년 11월 국제 연합은 남북한 총선거에 의한 정부 수립안을 결의하였다. 그러나 1948년 초 북한이 유엔 한국 임시 위원단의 38선 이북 입국을 거절함으로써 유엔에 의한 남한만의 단독 선거가 결정되었다. 이러한 결정이 국토의 영구 분단을 초래하고 나아가 동족상잔의 전쟁을 발발시킬 것을 우려한 김구는 남한의 단독 선거를 결단코 반대하였다. 그는 성명서를 통해 마음속의 38선을 무너뜨리고 자주 독립의 통일 정부를 세우자고 강력히 호소하였다.

1951년 2월 10일

거창 양민 학살 사건 발생

1951년 2월 10일 경남 거창군 신원면 내탄 부락 골짜기에서 양민 136명이 살해당하는 사건이 발생하였다. 공비 토벌 작전을 벌이던 11사단 9연대 3대대 군인들이 마을 주민에게 공비와 내통했다는 누명을 씌워 무차별 학살한 것이다. 그리고 이튿날인 11일에는 박산 개천가에 500여 명의 주민을 몰아넣고 무차별 총격을 가하여 모두 죽였다.

거창 양민 학살 사건은 6 · 25 전쟁 중 일어난 가장 비극적인 사건으로 그동안 사망자들이 모두 공산주의자로 치부되었다. 그러나 4 · 19 이후 대검찰청의 재수사가 이루어지면서 무고한 양민이 학살된 사건이었음이 밝혀졌다.

1927년 2월 10일

조선어 연구회, 『한글』 창간

1927년 2월 10일 조선어 연구회는 국어의 이론적 연구와 한글 보급을 위하여 동인지 『한글』 창간호를 발행하였다. 『한글』은 국어학 전문 연구 논문을 주로 싣는데 편집 겸 발행인은 신명균이 맡았다. 『한글』은 1928년 10월까지 제9호를 발행하고 재정난으로 휴간되었다. 그러다가 1932년 5월 1일 다시 기관지의 창간호로 하여 월간으로 내다가 1979년 제163호부터 계간으로 발행되고 있다.

　조선어 연구회는 주시경의 제자들이 주가 되어 조직한 민간 학술 단체로 1931년 조선어 학회로 바뀌었고 1949년 9월 현재의 한글학회로 개칭하였다. 이 학회에서는 1933년 '한글맞춤법 통일안'을 확정·발표하였는데 이는 오늘날까지 국어 표기의 준거가 되고 있다. 그 뒤 1980년 8월 전면적으로 수정하고 개편한 '한글맞춤법'을 발표하였으며 국어사전 편찬 사업을 계속하였다. 또한 한글만 쓰기 운동, 국어의 순화 운동, 한글의 기계화 운동을 꾸준히 벌이고 있다.

1974년 2월 10일

근대 연극사 거두 유치진 사망

　근대 연극사의 거두 유치진이 1974년 2월 고혈압으로 세상을 떠났다. 그는 1931년 릿교대학 영문과를 졸업하고 귀국한 후 신극 운동 단체인 극예술연구회를 조직하여 활동하였으며『문예월간』에 희곡『토막』을 발표하며 등단하였다. 이후『소』를 발표하여 고통받는 농민의 삶을 통해 민족의 현실을 보여 주려했으며『자명고』『원술랑』등 30여 편의 희곡을 발표하여 근대 연극사 제일의 희곡 작가로 인정받았다. 또한 극작뿐만 아니라 연극 연출을 비롯하여 연극 평론, 극단 운영, 드라마 센터 건립 등 여러 방면에서 활동하여 연극 문화 발전에 큰 공헌을 하였다.

1973년 2월 10일

북한 삼대혁명소조운동 개시

1973년 2월 10일 북한이 혁명 노선으로 규정하고 있는 이른바 삼대 혁명소조운동이 시작되었다. 이 운동은 사상·기술·문화의 세 가지 혁명을 뜻하는 것으로 정치적·사상적으로 무장된 청년들을 각 공장이 나 기업체에 20~30명 단위로 파견하여 간부들의 보수성과 경험주의를 타파하는 것이 목적이다.

1966년 2월 10일

한국과학기술연구소 설립

1966년 2월 10일 우리나라 최초의 종합 연구 기관인 한국과학기술 연구소KIST가 설립되었다. 1981년 이공계 교육 기관인 한국과학원KAIS과 통합되어 한국과학기술원KAIST이 되었다. 1989년에는 한국과학기술원 에서 분리되어 한국과학기술연구원KIST으로 독립하였다. 우리나라의 대 표적인 과학 기술 연구 기관으로 설립 이래 총 7,500여 건의 연구 과제 를 수행하였다. 최근에는 국책 연구 개발 사업의 비중이 많아져 정부 주도의 연구 과제가 90%에 달한다.

2월의
모든 역사

2월 11일

■
■
■

1550년 2월 11일

백운동 서원, 처음으로 사액을 받다

하늘이 사람을 낳으매 사람이 되게 하는 바는 가르침이 있기 때문
이다. 무릇 가르침은 반드시 존현에서 비롯되므로 이에 사묘를 세
워 덕을 높이고 서원을 두어 배움을 두텁게 하는 것이니 진실로 가
르침이란 어지러움을 수습하고 굶주림을 구하는 것보다 급하다.
내가 변변치 못한 위인으로 태평한 세상을 만나 이곳의 군수가 되
었으니 한 고을을 맡은 임무를 다하지 않을 수 없다. 이에 마음과
힘을 다하여 감히 사묘를 세우고 서원을 설치한다.

『무릉잡고』권 7

　조선의 교육 제도는 크게 관학과 사학으로 나눌 수 있다. 관학에는 최고의 교육 기관으로 성균관이 있었고 그 아래 한양에는 4학이, 지방에는 향교가 있었다. 사학으로는 서원이 대표적이다. 국가는 지방의 향교를 통해 유교 지식을 전파하고 사회 교화를 행하고자 하였으나 나중에는 국가의 지원 부족과 교육의 질이 저하되어 점차 쇠퇴하였다. 그러다가 사림파의 대두와 함께 서원의 건립이 활발해지면서 이것이 향촌 사회의 교화를 담당하게 되었다.

　서원은 주자가 백록동 서원을 열고 도학 연마의 장으로서 이를 보급한 것에서 그 실질적 기원을 찾을 수 있다. 중국에서는 명대까지 성행하였는데 우리나라에서는 1543년 풍기군수인 주세붕이 이곳 출신의 안향을 배향하고 유생들을 가르치기 위해 백운동 서원을 건립한 것이 그 효시이다. 그러나 이때의 서원은 사묘祠廟의 부수적인 존재로서 단지 유생의 독서처에 불과했다.

　서원이 독자성을 가지고 교육 기관으로서의 기능을 다하는 것은 퇴계 이황에 의해서였다. 그는 조광조의 도학 정치론에 공감하여 이를 위해서는 교화가 선행되어야 한다는 데 동조하고 그 수단으로 서원의 중요성을 강조하였다. 퇴계는 마침 풍기군수로 재직하게 된 것을 기회로 서원을 공식화하고 그 존재를 널리 홍보하고자 조정에 백운동 서원의 사액과 물질적 지원을 요청하였다. 이에 명종은 소수 서원이라는 친필 현판과 서적을 하사하고 다수의 노비를 지급하였다. 이것이 소위 '사액 서원'의 시초이다.

　국가 공인의 사액 서원이 등장했다는 것은 그만큼 서원의 위상이 높아진 것을 의미한다. 본래 서원의 건립은 향촌 유림들에 의하여 사적으로 이루어지는 것이므로 국가가 개입할 필요가 없었다. 숙종 대에는 무

려 131개의 사액 서원이 존재했다고 하는데 영조 대에는 서원의 폐단
이 심하여 사액은 일체 중단되기에 이르렀다.

사림이 완전히 정권을 장악했던 선조 이후에는 서원이 급격히 증가
하고 사림의 활동 기반으로 발전하게 되었다. 그러나 사액 서원의 증가
는 국가의 재정에 일정한 부담을 가져왔다. 사액 서원에는 토지와 노
비가 지급되고 면세와 면역의 특전이 부여되었다. 서원은 처음 그 본래
목적인 선현의 봉사와 유생의 교육에 공헌한 것이 사실이지만 당쟁이
심화되면서 학문의 도장이 아니라 붕당의 근거지로 변모하였다.

17세기 말부터 이러한 서원의 폐단은 눈에 띄게 드러나기 시작하였
다. 이것은 공존의 붕당 정치가 깨지고 상대를 박멸하려는 극한적인 대
립이 가져온 필연적인 산물이었다. 자파의 세력 확장을 위해 서원의 존
재는 중요했고 이로 인해 서원은 남발되었다.

한편 동성촌의 발달과 함께 가문 의식이 고양되면서 객관적으로 인
정받는 선현들을 제향하는 원칙을 깨고 가문의 조상들을 배향하는 일
이 나타났다. 이제 서원이 지역 사림들의 공동 강학소가 아니라 가문의
사사로운 처소로 전락하고 있음을 의미하는 것이다. 서원을 건립하는
주체는 대개 그 지역의 유력자였다. 이 때문에 수령에게 압력을 넣어
자기 밑에 있는 양인들의 군역을 면제시키거나 교화를 구실로 백성들

서원과 사우의 비교 – 정만조 『조선 시대 서원 연구』

구분	명칭	목적	기능	제향인물	구조
서원	사원 · 서재 정사	사문진흥, 인재양성	장수 · 강학 사현	선현 · 선유 사림종사→유학자	사 · 강당 재 · 서고
사우	사 · 사우 향사 · 별묘	보본숭현→교화	사현	유현→충절인	사묘

을 착취하는 일이 다반사였다. 그러나 중앙의 고관이 향촌의 서원과 직접적으로 긴밀한 관계를 맺고 있는 상황에서 그 질적인 저하와 폐단에도 불구하고 서원이 누리는 권위는 막강하였다.

영조 대에 170여 개의 서원이 철폐된 후 서원의 남발은 자제되었으나 폐단은 여전했다. 그리하여 19세기 후반 실추된 왕권을 다시 세우고자 진력하던 대원군은 서원의 일대 정리에 들어간다. 그 결과 사액 서원 47개만 남고 600여 개의 서원이 모두 철폐되었다.

—

1896년 2월 11일

고종과 왕세자, 아관 파천 단행

—

"나는 대신들을 권력으로부터 몰아낼 가장 간단한 방법은 고종이 비밀리에 궁궐을 떠나 우리 공사관으로 오는 것이라 생각했다. 나는 이 계획을 고종에게 직접 털어 놓았지만 그는 주저하였다. 자칫 실패하여 더 큰 궁지에 몰릴까 두려워해서였다. 나는 더 이상 궁궐에 머물러 있으면 매일 암살의 위협에 처하게 될 것이라고 수차례 설득하였다."

조지 알렉산더 『Balance of Intrigue』

청일 전쟁에서 승리한 일본은 시모노세키 조약을 통해 청나라의 조선 개입을 저지하고 또한 청나라로부터 요동반도를 할양받아 대륙 침략의 교두보를 확보하였다. 그러나 일본의 독주를 우려한 러시아 · 프랑스 · 독일 3국은 이른바 삼국 간섭으로 요동반도를 청나라에 반환하도록 요구하였다. 일본은 영국·미국·이탈리아의 협조를 얻어 이 문제를 해결하려고 하였지만 이들의 소극적 반응으로 실패하였다. 결국 일본은 요동반도의 점유를 포기하였다.

이 사건을 지켜본 조선의 정계는 술렁대기 시작했다. 열강 앞에 일본의 무력함이 드러나자 더 이상 일본을 두려워하지 않게 되었다. 그 대신 삼국 간섭을 주도한 러시아의 지위는 강화되었다. 또한 그동안 친일파에 눌려 있던 명성황후 세력과 친미·친러 경향을 드러냈던 정동파 인사들이 득세하기 시작하였다. 이런 가운데 실권자였던 박영효가 반역 음모 사건에 연루되어 체포될 위기에 처하자 급히 일본으로 망명하였다. 이후 내각의 개편이 이루어져 김홍집이 박정양을 대신하여 내각의 수반이 되었다. 새 내각의 면면을 살펴보면 친미·친러파가 요직을 장악하여 친일 세력은 급격히 몰락했다.

마침내 일본에 의하여 육성된 훈련대도 해체될 위기에 놓였다. 조선이 더욱 친러적 성향을 띠자 초조해진 일본 공사관은 미우라를 중심으로 천인공노할 흉계를 꾸몄다. 1895년 음력 8월 20일 미우라는 일본인 낭인과 훈련대를 경복궁에 침입시켜 명성황후를 잔인하게 시해하였다. 바로 을미사변이었다. 이를 통해 일거에 세력을 만회한 일본은 다시 친일 내각을 출범시켜 단발령 등의 급진 개혁을 실시하였다. 하지만 이것은 국모의 시해로 인해 극도로 악화된 반일 감정에 불을 지른 격이었다. 전국 각지에서 의병이 봉기하자 자연히 경비가 소홀해졌고 이 틈을 타 고종을 러시아 공사관으로 옮기려는 음모가 진행되었다.

드디어 2월 11일 새벽 왕과 왕세자는 궁녀들이 타는 가마에 몸을 숨긴 채 궁성을 빠져나가 정동의 러시아 공사관으로 파천하는 데 성공하였다. 이것을 아관 파천이라고 부른다. 파천이 성공한 후 김홍집 등은 곧 체포되어 경무청으로 끌려가다 군중들에게 무참히 살해당했다. 새로이 조직된 친러 내각은 친일파를 역적으로 단죄하고 단발은 자유의사에 맡겼다. 그리고 의병은 속히 생업으로 돌아갈 것을 호소하였다. 그 밖에 23부의 지방 제도는 한성부와 13도로 개편되고 호구 조사도 재정비되었다.

일본은 고종이 러시아 공사관으로 파천한 사실을 알고 극도로 당황하였다. 그러나 아직은 무력 대결이 성급하다고 판단하여 최대한 세력 균형을 이루고자 협상을 시도하였다. 그 결과 러시아와 일본이 조선 문제에 대하여 공동의 간섭을 내용으로 하는 의정서를 체결하는 데 성공하였다.

파천은 불가피한 측면이 없는 것은 아니었지만 이로 인해 열강의 대립과 갈등이 첨예해졌다. 열강들에게 이권이 마구 넘어가면서 국가의 위신은 땅에 떨어졌다. 친러파들의 방해로 환궁이 여의치 못했지만 점점 여론이 악화되자 1897년 2월 20일 고종은 경운궁으로 환궁을 단행하였다. 파천 1년 만의 일이었다. 환궁 후 고종은 독립 협회의 건의를 받아들여 그해 10월 황제로 즉위하고 국호를 대한, 연호를 광무로 하는 대한제국의 출범을 선포하였다.

* 1897년 2월 20일 '고종과 왕세자, 거처를 경운궁으로 옮김' 참조

1087년 2월 11일

고려, 초조대장경 완성

고려 현종 2년에 시작한 초조대장경 판각이 76년 만인 선종 4년 (1087)에 완성되었다. 이 대장경은 우리나라에서 가정 먼저 만들어졌다고 하여 초조대장경이라 불렸다.

초조대장경은 현종 2년 거란이 쳐들어오자 이를 불교의 힘으로 극복해 보고자 만든 것이었다. 대구 부인사에 도감을 두고 송나라의 개보판과 거란본, 종래부터 전해 내려오던 국내본 등을 수정·보완하여 만들었으며 현종 2년부터 꾸준히 계속되어 현종 22년(1031)에 일단 끝이 났다. 문종 초기에 다시 경판을 새기기 시작하여 선종 4년에 이르러 비로소 완성되었다.

초조대장경은 570개 함 6천여 권에 이른다.『대반야바라밀다경』을 시작으로『대방광불화엄경』『대열반경』등 경·율·논 3장이 모두 집약되어 있다.

완성된 초조대장경판은 대구의 팔공산 부인사에 보관하였는데 고종 19년(1232) 몽골의 2차 침입 때 의천의 고려속장경과 함께 불타 버렸다. 초조대장경의 인쇄본은 일본의 남선사에 1,500여 권, 국내에는 200여 권이 남아 있으며 호암 박물관이 100여 권으로 가장 많이 소장하고 있다. 초조대장경은 세계에서 2번째로 만들어진 한자 번역 대장경으로 문화사적 의의가 매우 큰 대장경이다.

1597년 2월 11일

선조, 유정에게 벼슬을 내림

1597년 2월 선조는 임진왜란 때 의승병 대장으로서 많은 공을 세운 사명당 유정에게 가선대부 동지중추부사의 벼슬을 내렸다. 유정은 임진 왜란이 일어난 1592년부터 스승인 휴정을 도와 의승도대장으로서 왜군을 무찌르는 데 힘썼다. 그는 산성 개축·군기 제조·군량미 생산에도 심혈을 기울였다.

정유재란이 끝난 후 1604년에는 국왕의 친서를 휴대하고 일본으로 건너가 도쿠가와 이에야스를 만나 강화를 맺고 조선인 포로 3,500명을 인솔하여 귀국하였다. 그 후 1610년 8월 26일 해인사에서 결가부좌한 채 입적하였다.

1926년 2월 11일

매국노 이완용 사망

한일 합방의 주역 이완용이 1926년 2월 11일 세상을 떠났다.

이완용은 1882년 과거에 합격하여 관리의 길에 들어섰으며, 미국에 파견되었다 귀국하여 1895년 학부대신과 중추원의관이 되었다. 을미 사변이 일어났을 때 미국 공사관으로 피신하였다가 아관 파천이 있자 친러파로 변신하여 외부대신·농상공부대신 서리를 겸직하였다. 한편 독립 협회 창설에 참여하고 회장을 역임하였으나 이권을 열강에 넘겨준 일로 제명되었다.

러일 전쟁이 일본 쪽에 유리하게 되자 친러파에서 친일파로 변신한 그는 1905년 학부대신이 되었고, 같은 해 11월 고종을 협박하여 을사조약의 체결에 서명함으로써 을사오적 중 한 사람이 되었다. 그 공으로 의정대신 서리 및 외부대신 서리가 되었다가 통감 정치하의 내각 총리대신이 되었다. 1907년 헤이그 밀사 사건이 일어나자 일본은 고종의 퇴위를 요구하였는데 이때 이완용은 고종에게 압력을 가하여 황태자에게 양위하게 하였다.

이완용의 거리낌 없는 친일 행위는 1910년 한일 합방을 주도함으로써 극에 달하였다. 1910년 8월 22일 대한제국의 황제는 일체의 통치권을 완전히 또 영구히 일본국 황제에 양여한다는 합방 조약을 내각 총리대신 이완용과 통감 데라우치 마사타케의 이름으로 조인함으로써 그는 매국의 원흉이 되었다.

그는 합방의 공로로 훈1등 백작과 은사금을 받았고 후작의 작위를 수여받았으며, 이후 중추원 고문 등을 지내는 등 친일파로서 부귀영화를 누렸다. 그러나 광복 후 그의 무덤이 후손에 의해 파헤쳐지는 모욕을 당하였으며 국가를 팔아먹은 매국노로 영원히 낙인찍혔다.

1940년 2월 11일

창씨개명 강제 실시

1940년 2월 11일 조선 총독부는 우리나라 고유의 성을 일본식으로 바꾸어 제출할 것을 명령하였다. 이들은 1940년 8월 10일까지 '씨氏'를 결정해서 제출할 것을 명령하였다. 이것은 우리 국민의 황국 신민화를 촉진하기 위해 한민족 고유의 성명제를 폐지하고 일본식 씨명제를 도입하기 위한 것이었다.

이른바 창씨개명으로 불리는 이 조치를 위하여 일제는 1939년 11월 10일 제령 제19호로 '조선민사령'을 개정하였다.

우리에게 조상으로부터 물려받은 성姓을 바꾸는 것은 매우 치욕적인 일이었다. 그러나 총독부는 이를 시행하기 위해 관헌을 동원해서 협박을 일삼았다. 일본식 성명으로 바꾸지 않은 자의 자녀는 학교에 입학할 수 없었다. 또한 호주는 '비국민'으로 낙인찍어 미행을 당하거나 징용의 대상이 되었으며 식량 배급에서 제외되는 등 갖은 압박을 받았다. 이런 강압 속에서 다수의 우리 국민들은 성을 갈고 이름을 바꾸는 고난을 당하였다.

—

2003년 02월 11일

청계천 복원 기본 계획 발표

—

2003년 2월 11일 서울시가 '청계천 복원 기본 계획'을 확정 발표했다. 복원 구간은 청계천로 동아일보사 앞에서 신답 철교까지 약 6km이며 7월부터 공사를 시작해 2005년 말까지 교량을 포함한 복원 공사를 마무리한다는 계획이었다. 추정 사업비 3,600억 원에 공사 기간만 2년 이상 걸리는 청계천 복원 사업은 고가 도로 등 구조물 철거로 시작되었다.

2003년 2월 11일

박 미하일 교수, 러시아어 최초 삼국사기 완역

2003년 2월 11일 한국학의 대부인 박 미하일 교수가 『삼국사기』러시아어 전체 번역을 끝냈다. 박 교수는 1936년 모스크바 국립 대학교에 입학하면서 모스크바로 이주하여 역사학을 전공하였다. 『삼국사기』 신라 본기를 처음으로 러시아어로 번역하는 데만 약 10년이 걸렸으며 1980년대 초에는 백제 본기를 번역하였다. 박 교수는 모스크바 국립대학교에서 강의하며 일생을 한국학 전문가를 육성하는 데 힘썼다. 초대 고려인 회장으로서 고려인의 단합과 민족의식을 고취하고 한국과 러시아의 우호 협력에 공헌하였으며, 2004년 4월 16일 향년 92세를 일기로 사망하였다.

2월의
모든 역사

2월 12일

■
■
■

1593년 2월 12일

권율, 행주에서 크게 승리하다

권율이 즉시 군중에 동요하지 말라는 영을 내린 뒤 망대에 올라 바라보니 5리쯤 떨어진 들녘에 적들이 가득하였다. 적의 선봉 1백여 기가 접근해 오더니 조금 후에는 1만 여의 기병들이 들판을 뒤덮고 일시에 포위하며 돌격해 왔다.

여러 장수들이 죽음을 무릅쓰고 힘껏 싸우니 적은 마침내 포위를 풀고 물러갔다. 그리하여 적의 시체를 네 곳에 모으고 건초를 쌓아 태우는데 그 냄새가 10리 밖까지 풍겼다.

『선조실록』 권 35

전국 시대를 통일한 일본의 도요토미 히데요시는 1592년 그 칼끝을 조선으로 겨누었다. 전쟁 초기 일본은 파죽지세로 북상하여 탄금대에 배수진을 친 조선의 간판 신립마저 간단히 무너뜨렸다. 이에 조정은 서둘러 의주로 피난길을 떠났다. 그러나 일본은 코니시 · 가토 · 구로타가 세 갈래로 길을 나누어 출병한 지 불과 20일 만에 조선을 함락시키고 다시 북진하여 평양마저 점령하였다. 그 뒤 함경도까지 진출하여 두 왕자를 포로로 잡는 등 전쟁 초기의 상황은 완전한 일본의 분위기였다.

조선은 최후의 수단으로 명에게 구원병을 요청할 수밖에 없었다. 다행히 이순신이 해전에서 연전연승하여 곡창 지대인 호남을 보호하고 의병과 승군이 전국 도처에서 일어나 대반격의 계기가 마련되었다. 김시민이 10월 3만의 일본군을 진주성에서 격퇴한 것은 바로 곽재우 등의 의병이 밖에서 후원해 주었기에 가능하였다.

명나라는 처음 조선의 파병 요청을 받고도 향도설에 대한 의심으로 쉽게 응하지 않았다. 전쟁이 시작된 후 너무 빨리 조선이 함락된 것이 그 의심을 부채질하였다. 후에 명나라는 오해를 풀고 요동병을 파견하여 평양의 일본군을 공격했으나 실패했고 그 이듬해 정월 다시 이여송을 보내 평양성을 탈환하는 데 성공하였다. 이 승리에 도취된 이여송은 적을 가벼이 여기고 곧바로 서울로 진군하다가 벽제관에서 대패당했다. 그리고 전의를 상실한 채 평양으로 퇴진하였다.

평양성의 패배로 사기가 뚝 떨어져 있던 왜군은 벽제관 승리로 잔뜩 고무되었다. 이때 마침 전라감사 권율이 도성 수복을 위해 북진하다가 행주산성에 진을 치고 있다는 소식을 들었다. 이에 왜군은 우키타의 지휘 아래 3만의 병력이 7개의 부대로 나뉘어 행주산성을 3면으로 겹겹이 포위하고 일시에 조총 · 화포 · 화살들을 쏘면서 맹렬한 공격을 퍼부었다.

권율은 이에 맞서 활을 잘 쏘는 군사들로 일제히 사격을 실시하여 적의 기세를 꺾었다. 이어서 건장한 군사들이 낭떠러지 밑에 있는 적진을 향해 마구 돌을 굴렸다. 아무리 훈련이 잘되고 장비가 우수해도 높은 곳을 차지하고 돌과 화살을 비 오듯 퍼붓는 공격 앞에서는 별 다른 묘수가 없었다.

왜군은 수많은 사상자를 내면서도 병력의 수를 믿고 계속 부대를 바꾸어 가며 공격을 가하였다. 그래도 성이 함락되지 않자 마지막에는 화공 작전을 동원하였다. 산 밑에서 마른 풀단을 쌓아 불을 지르자 바람을 타고 위로 점점 타올라 목책에까지 옮겨붙었다. 이에 아군이 혼란에 빠지자 권율은 항아리에 채워 두었던 물로 불을 끄게 하였다. 그는 진두에서 싸움을 독려하여 목책 가까이에 접근한 적에게 화포를 쏘는 등 필사의 반격을 펼쳤다. 특히 부녀자들은 덧치마에 돌을 담아 날라 적을 공격하는 데 큰 도움을 주었다.

행주산성 전투에서 아군은 왜군 1만여 명을 죽이거나 부상케 했으며 727점의 무기를 노획하는 큰 성과를 올렸다. 당시 행주산성 전투는 병력과 조직, 병기, 그리고 군사들의 전술 면에서 대부분 왜군보다 불리하였다. 그러나 투철한 항전 태세로 모두 하나가 되어 약점을 극복할 수 있었다.

권율이 지휘한 이 행주산성의 승리는 김시민의 진주성 대첩, 이순신의 한산도 대첩과 함께 임진왜란 삼대첩의 하나로 크게 기록되었다. 그해 6월 권율도 행주 대첩의 공로를 인정받아 도원수로 승진하였다.

1896년 2월 12일

개화 사상가 김홍집 피살

대표적인 개화 사상가이자 갑신정변의 주역이었던 김홍집이 1896년 2월 12일 광화문에서 피살되었다. 그는 을미사변 후 제3차 김홍집 내각을 세웠으나, 일본의 압력을 받아 단발령 등의 과격한 개혁을 수행하였다. 이에 전국에서 의병이 일어나 정국은 혼란에 빠졌고 고종도 신변의 위협을 느끼고 러시아 공사관으로 피신해 버렸다. 마침내 김홍집 내각은 붕괴하였고 이후 김홍집은 '왜나라 대신'으로 지목되었다. 그는 온건 개화파로서 점진적 개혁을 주장하였으나 열강들의 잠식이 격심했던 혼란한 정국 속에서 군중에게 살해되는 비극을 당하였다.

1901년 2월 12일

화폐 조례 공포

구한말 이후 화폐 경제가 문란해지자 정부는 2월 12일 금 본위제 화폐 제도 실시를 주요 내용으로 하는 화폐 조례를 제정·공포하였다. 기본 내용은 다음과 같다. 첫째, 화폐 주조는 정부만이 한다. 둘째, 화폐의 종류는 금화·은화·백동·적동화로 한다. 셋째, 사사로이 주조한 화폐는 유통하지 못한다 등이었다. 그러나 이 법령을 공포한 뒤 금과 은의 부족으로 백동화를 남발하는 등의 폐단이 심하여 성공을 거두지 못하였다.

1941년 2월 12일

조선 사상범 예방 구금령 공포

1941년 2월 12일 조선 총독부가 '조선 사상범 예방 구금령'을 공포하였다. 이는 치안 유지법과 조선 사상범 보호 관찰령의 운용을 쉽게 하며 이른바 반국가적 사상을 섬멸한다는 목적으로 제정된 법이었다. 일제는 태평양 전쟁이 막바지에 이르자 사상 통제를 강화하고 비전향 사상범을 가두는 법안을 세운 것이다.

이 법에 따라 우리나라의 애국지사들을 투옥시키려는 의도로 서대문 형무소 안에 보호 교도소를 설치하였다. 또한 조선 사상범 보호 관찰소인 대화숙에 전향자를 입숙시켜 황민화 교육을 실시하였다. 그리고 경찰력을 대폭 증원하여 민족 운동 일체를 탄압하고 검열을 철저히 하였다.

1975년 2월 12일

유신 헌법 찬반 투표

1975년 2월 유신 헌법에 대한 찬성과 반대, 대통령 신임을 함께 묻는 국민 투표가 실시되었다. 이 투표에는 총 유권자 1,678만 8,839명 중 1,340만 4,245명이 투표해 이 중 73.1%인 980만 206명이 찬성표를 던졌다.

유신 체제는 1972년 10월 17일 박정희 대통령이 전국에 비상 계엄

령을 선포함으로써 시작되었다. 이에 따라 국회를 해산하고 정당 활동을 중지시키며, 비상 국무 회의를 소집하는 등의 비상조치가 발표되었다. 비상 국무 회의는 헌법 개정안을 공고하고 11월 21일 국민 투표로서 '유신 헌법'을 확정하였다. 확정된 헌법은 입법 · 행정 · 사법의 3권이 대통령 1인에게 집중된 절대적 대통령제를 규정하는 것이었다. 유신 헌법에 따라 새로 구성된 통일 주체 국민회의는 12월 23일 투표로 대통령을 선출하였으며 12월 27일 박정희가 제8대 대통령에 취임하고 유신 헌법이 공포되었다.

그러나 유신 헌법은 야당과 재야 세력의 헌법 논쟁을 유발해 정국은 혼란에 빠져들었다. 이에 유신 헌법과 유신 체제 유지 여부에 대한 국민 투표를 실시한 것이었다.

—
1988년 2월 12일

정부, 금호그룹에 제2의 민항 허가
—

1988년 2월 13일 정부는 금호그룹에 제2의 민항 공사 설립 인가를 내주었다. 당시 교통부는 대한항공에 이어 두 번째로 정기 항공 운수 면허 사업을 금호그룹이 설립하는 새 민간 항공사에 허가해 주었다. 이에 금호그룹은 항공기 도입과 승무원 확보 등의 준비가 끝나는 대로 취항할 계획을 밝혔다.

2월의
모든 역사

2월 13일

■
■
■

1967년 2월 13일

청마 유치환, 세상을 떠나다

—

사랑하는 것은
사랑을 받느니보다 행복하나니라.
오늘도 나는
에메랄드 빛 하늘이 환히 내다뵈는
우체국 창문 앞에 와서 너에게 편지를 쓴다.

행길을 향한 문으로 숱한 사람들이
제각기 한 가지씩 생각에 족한 얼굴로 와선
총총히 우표를 사고 전보지를 받고
먼 고향으로 또는 그리운 사람께로
슬프고 즐겁고 다정한 사연들을 보내나니

세상의 고달픈 바람결에 시달리고 나부끼어
더욱더 의지 삼고 피어 헝클어진
인정의 꽃밭에서
너와 나의 애틋한 연분도
한 망울 연연한 진홍빛 양귀비꽃인지도 모른다.

사랑하는 것은
사랑을 받느니보다 행복하나니라.
오늘도 나는 너에게 편지를 쓰나니
그리운 이여
그러면 안녕!

설령 이것이 이 세상 마지막 인사가 될지라도
사랑하였으므로 나는 진정 행복하였네라

유치환, 「행복」

청마 유치환은 1908년 경상남도 통영에서 유준수의 차남으로 태어났다. 통영은 본래 어머니의 고향으로 유치환은 11세 때까지 외가에서 서당을 다니며 한문을 배웠다. 그는 통영 보통학교 4학년을 마치고 일본으로 건너가 도요야마 중학교에 들어갔다.

유치환은 남들과 어울리기 보다는 혼자서 책을 읽고 무언가를 쓰는 일에 열중했다. 가세가 기울자 도중에 귀국하여 1928년 연희전문학교에 입학하였으나 퇴폐적인 분위기에 실망하여 1년 만에 중퇴하였다. 이후 진명 유치원의 보모로 있던 권재순과 결혼한 후 다시 일본으로 건너가 사진 학원에서 사진 기술을 익혔다. 이때 일본의 시단을 풍미하던 아나키즘을 보고 이듬해 고향으로 돌아왔다.

유치환은 정지용의 시에 깊은 감명을 받고 본격적으로 시를 쓰기 시작했으며 1931년 『문예월간』 2호에 「정적」을 발표함으로써 문단에 공식 데뷔하였다. 서른이 되던 해에 고향인 통영으로 돌아가 협성 상고의 교사가 되었는데 이것은 그가 교육계에 몸담는 계기가 된다.

유치환은 1937년 문예 동인지 『생리』를 주간하여 5집까지 간행하였다. 1939년에는 첫 시집 『청마시초』를 발간하였는데 초기 대표작인 「깃발」이 수록되어 있다. 유치환은 일제의 통치에 저항적인 의식을 갖고 있었는데 우선 창씨개명을 하지 않은 점이 눈에 띈다. 동래고보 학적부를 봐도 일본어는 병(4점)에 그쳤지만 조선어는 갑(9점)이었다.

1940년 일제의 블랙리스트에 올라있다는 걸 알게 된 그는 가족들과 만주로 떠났다. 만주에는 형 유치진의 농장이 있었는데 그곳에서 관리인으로 일하다가 광복 직전인 1945년 6월에 귀국하였다. 이 무렵에 쓴 「절도」 등 다수의 시들이 『생명의 서』에 수록되었다. 1953년 이후에는 줄곧 교직에 몸담아 1954년에 거창 안의중학교 교장을 시작으로 여러

곳의 교장 직을 역임하다가 1967년 2월 13일 지인들과 어울려 술을 마시고 집으로 돌아가는 길에 사고로 목숨을 잃었다.

유치환은 자유당의 독재와 부패에 비판을 아끼지 않았던 강직한 인물이었다. 40여 년에 걸친 청마 유치환의 시 세계는 '생명파 시인'이라는 평가 속에 잘 함축되어 있다. 그는 강하고 남성적인 어조를 바탕으로 생활과 자연 등을 소재로 생명에의 의지를 노래하였다. 즉 그의 시는 고독감과 쓸쓸함이 아니라 미래에 대한 약속과 희망을 머금고 있었다. 이런 점에서 생의 의미를 찾지 못해 절망하고 자기모멸에 몸부림치던 이상과 자주 비교되었다. 유치환의 많은 작품들 중에 「행복」은 지금까지도 널리 애송되고 있다.

787년 2월 13일

신라 승려 혜초 입적

인도 여행기 『왕오천축국전』의 저자 혜초가 787년 2월 13일 입적하였다. 어린 나이에 불법에 뜻을 두고 당나라로 건너간 혜초는 인도의 승려 금강지에게 밀교를 공부하였다. 이후 그는 인도의 불교 성지를 두루 순례했으며 다시 육로로 페르시아를 비롯하여 서역 지방까지 순례하였다. 이때의 경험을 바탕으로 한 책이 바로 『왕오천축국전』이다.

순례를 마치고 장안으로 돌아온 그는 29세에 다시 금강지의 제자가 되어 법을 이어받고 금강지와 함께 경전의 한역 작업에 착수하였다. 그러나 이 작업은 이듬해 가을 금강지의 죽음으로 중단되었다. 혜초는 금강지의 법통을 이은 불공삼장의 6대 제자 중 한 사람으로 당나라에서도 이름을 떨쳤으며 오대산 건원보리사에 들어가 여생을 보냈다.

『왕오천축국전』은 원래 3권이었다고 하나 현재는 1권만 전해진다. 8
세기 인도와 서역에 관한 세계 유일의 기록으로 고대의 동서 문화 교류
사 연구에 귀중한 사료로 평가받고 있다.

―

1547년 2월 13일

정미약조 체결

―

1547년 2월 13일 일본과의 국교를 재개하는 정미약조가 체결되었다.

1544년 경상도 사량진에 왜인이 20여 척의 배를 타고 침입하여 사람
을 납치하고 말을 약탈해가는 사건이 발생하였다. 당시 조선 정부는 왜
인의 조선 출입을 다스렸지만 왜인들이 빈번히 약속을 위반하더니 다
시 사량진에 침입한 것이었다. 이에 조선 조정은 조약 폐기와 함께 왜
인의 조선 왕래를 엄격히 금지하였다.

그러나 일본의 요청으로 국왕사의 내왕은 계속 허용하였다. 그 뒤 일
본의 간청으로 마침내 정미약조를 맺어 일본인의 내왕과 무역이 공식
적으로 재개되었다.

―

2007년 2월 13일

6자 회담 합의문 타결

―

2007년 2월 13일 북한 핵 폐기를 위한 6자 회담 합의문이 타결되었

다. 주요 내용은 북한의 핵시설 폐쇄와 불능화, 핵사찰 수용 등이었다. 이날 6자 회담 참가국들은 전체 회의를 통해 북한이 영변 핵시설 포기를 전제로 불능화 조치를 취하면 중유 100만 톤 상당의 에너지와 경제 지원을 약속했다.

한국은 이에 대한 보상 조치로 우선 5만 톤의 중유를 지원하기로 하였으며 이후 추가 조치를 통해 단계적으로 지원하기로 결정하였다. 대북 지원 비용은 참가국들이 평등과 형평의 원칙에 따라 분담한다는 합의 의사록도 채택되었으며 미국은 북한에 대한 테러 지원국 지정을 해제하기로 하였다. 또한 북한은 13일부터 60일 이내에 영변 핵 시설을 폐쇄 · 봉인하고 국제원자력기구IAEA 감시단의 입국을 허용하였다.

이날 6자 회담으로 2 · 13 합의가 이뤄져 문제 해결의 실마리가 잡히는 듯 했지만 북한이 2009년 4월 6자 회담을 거부함으로써 2 · 13 합의는 실패로 돌아갔다. 2008년 12월 베이징에서 열린 6자 회담에서도 북한이 기존의 입장을 고수하여 이견을 좁히지 못한 채 회담은 결렬되고 말았다. 이어 북한은 2009년 4월 16일 국제원자력기구IAEA 감시단을 북한 영변 핵 시설에서 추방하였다.

—

2000년 2월 13일

이봉주, 마라톤 한국 신기록 수립

—

이봉주 선수가 2000년 2월 13일 도쿄 국제 마라톤 대회에서 2시간 7분 20초로 대한민국 신기록을 세웠다.

1970년 충청남도 천안에서 태어난 이봉주는 광천 고등학교 1학년

때 육상 장거리에 입문하였다. 1991년 제72회 전국체전에서 우승한 후 1993년 제74회 전국체전에서도 정상을 차지하며 두각을 나타냈다.

1991년 코오롱 사단에 입단한 이봉주는 이듬해 1월 도쿄 국제 하프 마라톤 대회에서 한국 최고 기록을 수립하며 서서히 이름을 알리기 시작했다. 1992년 자신의 첫 풀코스인 올림픽 대표 선발전에 출전했지만 레이스 도중 넘어져 올림픽행이 좌절됐다. 그러나 1993년 10월 광주 전국체전에서 정상에 올랐고 그해 12월 호놀룰루 마라톤에서 우승하며 황영조의 뒤를 잇는 한국 마라톤의 차세대 주자로 우뚝 섰다. 한때 소속팀과의 갈등으로 방황하며 선수 생활의 최대 위기를 맞았지만 이후 2000년에는 삼성전자에 입단하여 다시 한국 최고 기록을 세웠다.

2009년 10월 21일 제90회 전국체전 마라톤 대회에서 2시간 15분 25초 만에 1위로 결승점을 통과하며 은퇴 경기를 화려하게 마무리하였으며 20년간 마라톤 풀코스를 무려 41번이나 완주하였다.

2월의
모든 역사

2월 14일

■
■
■

1054년 2월 14일

고려, 원융국사비 건립

고려 문종 8년(1054)에 원융국사비가 세워졌다. 화엄 도량 부석사에서 결응이 입적하자 문종은 그의 업적을 기려 '원융圓融'이라는 시호를 내렸으며 절 동쪽에 장사를 지냈다.

원융국사(964~1053)는 고려 초의 명승으로 속성은 김씨, 휘는 결응, 자는 혜일이다. 12세에 용흥사에 들어가 복흥사에서 구족계를 받았다. 고려 성종 10년(991) 승과에 급제하여 대덕이 되었다. 현종 초에 승통에 오르고 정종 7년(1041)에 왕사가 되었으며, 문종 때 국사가 되어 부석사에 주석하였다.

입적한 다음 해 부석사에 원융국사비가 세워졌는데 수성암 질청석으로 만들었으며 높이는 1.73m, 너비1.1m로 이수와 귀부를 갖추었다. 비문은 예부시랑 고청이 지었고 유림랑 임호가 구양순의 해서체로 썼다. 그러나 비의 아랫부분이 파손되어 구양순체의 해서로 된 비문의 첫머리와 끝부분이 분명치 않고, 판독이 안 되는 부분이 많다.

부석사는 경상북도 영주시 부석면 북지리에 자리하고 있으며 1979년 1월 25일 경상북도 유형 문화재 제127호로 지정되었다.

—

1922년 2월 14일

개정 조선 교육령 공포

—

1922년 일왕의 칙령으로 '조선 교육령'이 개정 · 공포되었다. 개정 교육령은 조선 총독부령 제5호에 의해 4월 1일부터 실시되었다.

개정 조선 교육령의 주요 내용은 사범 교육과 대학 교육이 새로 제도화되고 보통학교 6년, 고등 보통학교 5년으로 일본과 동일하게 한 것이었다. 그러나 '일본과 조선의 제도를 공통으로 한다'는 취지는 명목이었을 뿐 교육은 근본적으로 시정되지 않았다. 즉 보통학교 수업 연한은 6년이 지켜지지 않았고 지방의 사정에 따라 5년 또는 4년제로 시행되었는데 이는 일제가 패망할 때까지 계속되었다.

이 당시 공포된 개정 조선 교육령은 일제가 패망할 때까지 우리나라 교육 제도의 기본이 되었다.

—

1969년 2월 14일

중앙정보부, 이수근 이중간첩 사건 발표

—

1969년 2월 14일 중앙정보부는 판문점을 통해 귀순하였던 이수근이 이중간첩이라고 발표하였다.

북한의 중앙통신사 부사장이자 판문점 출입 기자였던 이수근은 1967년 3월 22일 판문점에서 극적인 남한행을 감행하였다. 그의 귀순은 남한 국민들의 많은 관심을 불러일으켰다. 그러나 그는 1969년 1월

31일 변장을 한 채 위조 여권을 가지고 홍콩행 비행기에 탑승하였다가 체포되었다. 중앙정보부는 이수근이 김일성의 지령을 받고 다시 북으로 들어가려다 발각된 위장간첩이라고 최종 발표하였다.

이수근은 1969년 4월 대법원의 사형 확정 판결을 받은 후 그해 7월 2일 교수형에 처해졌다.

—

1970년 2월 14일

대한항공기 납북자 39명 판문점으로 귀환

—

북한은 1970년 2월 14일 대한항공기 탑승자 51명 중 승무원 4명과 민간인 7명 등을 제외한 39명을 판문점으로 돌려보냈다. 1969년 12월 11일 당시 강릉을 출발하여 서울로 향하던 대한항공 YS-11기가 대관령 상공에서 고정간첩 조창희에게 납북되어 함경북도 원산에 위치한 선덕 비행장에 착륙하였다. 이 사건은 남북 간의 첫 항공기 납치 사건으로 한반도의 긴장을 고조시켰으며 국제적 여론이 거세지자 북한은 민간인들을 송환시키기로 결정한 것이었다.

2월의
모든 역사

2월 15일

■
■
■

1393년 2월 15일

국호를 조선으로 정하다

우리나라는 그 국호가 일정하지 않았다. 조선이라고 일컬은 이가
셋이 있었으니 단군 · 기자 · 위만이 바로 그들이다.

지금 천자가 '오직 조선이란 칭호가 아름다울 뿐 아니라 그 유래
가 오래되었다. 이 이름을 그대로 사용하고 하늘을 본받아 백성을
다스리면 후손이 길이 창성하리라'고 명하였는데, 아마 주 무왕이
기자에게 명하던 것으로 전하에게 명한 것이리니, 이름이 이미 바
르고 말이 이미 순조롭게 된 것이다.

『삼봉집』 권 7

"이런들 어떠하리 저런들 어떠하리 만수산 드렁칡이 얽혀진들 어떠하
리 우리도 이같이 얽혀져 백 년까지 누리리라."

이방원 「하여가」

"이 몸이 죽고 죽어 일백 번 고쳐 죽어 백골이 진토되어 넋이라도 있고
없고 임 향한 일편단심이야 가실 줄이 있으랴."

정몽주 「단심가」

위의 두 시조는 이방원의 「하여가」와 정몽주의 「단심가」이다. 하여가
는 조선의 건국을 앞두고 이방원이 정몽주의 마음을 떠보기 위해 부른
것이었다. 이에 정몽주는 고려에 대한 변함없는 충절을 단심가에 담아
냈다. 이방원은 정몽주와 더 이상 함께 갈 수 없음을 알고 조영규를 시
켜 선죽교에서 그를 살해하였다. 그리고 얼마 지나지 않아 이성계가 군
신의 추대를 받아 새 국왕으로 즉위하였다.

고려는 무신 정권 이후 문란해진 정치 기강이 원나라의 간섭기에 더
욱 심해지면서 점차 몰락의 길을 걷고 있었다. 특히 왜구와 홍건적의
빈번한 침략은 고려에 막대한 타격을 주었다. 하지만 이성계 개인으로
는 이들을 토벌하는 데 많은 공로를 세워 자신의 세력을 확장할 수 있
었다.

1398년 중국에 새롭게 들어선 명나라가 고려에 철령위를 설치하겠
다고 통보해 오자 최영은 우왕을 움직여 요동 정벌을 강행하였다. 이성
계는 사불가론을 내세워 반대하였지만 일단은 위화도까지 진군할 수밖
에 없었다. 그러나 그는 조민수와 함께 개경으로 회군을 단행하여 최영
을 제거하고 권력을 잡았다. 이것이 바로 위화도 회군이다.

그러나 회군 이후 조정은 정몽주와 이색을 중심으로 하는 온건 개혁파와 이성계·정도전·조준·이방원 등을 핵심으로 하는 급진 개혁파로 나뉘어 대립하였다. 이성계 일파는 우왕과 창왕을 왕씨가 아닌 가짜 왕으로 몰아 폐위하고 일단 공양왕을 세운 다음 군제를 개편하여 군사권을 차지하였다. 이를 바탕으로 과전법을 실시하여 권문세족의 경제적 기반을 무너뜨리고 끝까지 역성혁명에 반대하던 정몽주를 제거하여 결국 조선을 건국하게 된 것이었다.

우리는 이성계가 즉위한 후 곧바로 국호가 조선으로 바뀌었을 것으로 생각하기 쉽지만 사실은 그렇지 않다. 급격한 변화는 자칫 사회적 불안을 초래할 수 있기 때문에 국호는 그대로 고려를 사용하기로 하였다.

이성계가 중추원사 조림을 명나라에 보내 새 정권의 수립을 알리자 명나라는 국호의 개정에 대해 보고하라고 재촉하였다. 이에 이성계는 원로들과 백관을 한자리에 모아 국호를 의논케 하였는데 '조선'과 '화녕'이 후보로 결정되었다. 조선은 우리나라의 오랜 국호였던 단군 조선과 기자 조선 등의 맥을 잇는다는 의미였고, 화녕은 이성계의 고향인 영흥의 옛 이름이었다.

예문관학사 한상질이 명나라에 파견되어 이 두 개의 후보 중 하나를 국호로 선택해 줄 것을 청하였다. 이때 사신으로 파견된 한상질은 바로 수양 대군을 왕위에 올린 한명회의 조부였다. 명나라는 "동이의 국호는 오직 조선이라 칭한 것이 아름답고 또한 그 유래가 오래니 그 이름을 따르는 것이 좋다."며 조선을 국호로 정하여 주었다.

그런데 명나라가 조선이라는 국호를 선택한 것은 다분히 기자 조선을 의식한 것이었다. 즉 기자는 주나라 때 조선의 제후로 봉해졌다는 『한서지리지』의 기록이 있으므로 명나라의 입장에서 보면 조선은 벌써 그 이름부터 제후국의 성격을 갖게 되는 것이었다.

1583년 2월 15일

율곡 이이, 십만 양병설 건의

계미년 2월 병조판서 율곡 이이(1536~1584)는 선조에게 시무육조를 지어 올렸다. 이이는 당시 사회를 건국 초기 정비된 각종 제도가 무너져가는 '중쇠기'로 진단하였다. 나라가 태만하여 국방을 소홀히 하니 장차 다가올 국난을 예견하였던 것이었다.

이이는 국난에 대비하여 미리 그 대책을 마련할 것을 육조계로 임금에게 올리는 한편 경연에서 '십만 양병설'을 주장하였다. 그러나 선조가 이이의 개혁안에 대해 계속 미온적인 태도를 취하니 그의 개혁안은 별다른 성과를 거둘 수 없었다.

당시 조정은 동인과 서인 간의 대립이 더욱 격화되어 나라의 앞날은 뒷전이었다. 중립적인 입장으로 양파의 조정을 위해 노력한 그가 동인 측에 의해 서인으로 지목되고, 이어 동인이 장악한 삼사의 강력한 탄핵이 뒤따르자 48세 때 관직을 버리고 율곡으로 돌아왔으며 다음 해 세상을 떠났다.

이이는 사마시를 비롯한 아홉 번의 과거에 모두 장원 급제하여 이름을 날렸다. 1564년 호조좌랑을 시작으로 황해감사, 대사헌, 6조의 판서를 두루 거쳤다. 당대 석학인 퇴계 이황, 성혼 등과 함께 이기, 사단칠정에 대하여 토론을 벌였으며 문하에 많은 문인을 두었다. 이이는『동호문답』『만언봉사』『성학집요』『기자실기』『경연일기』등의 많은 저술을 남겼다.

* 1584년 2월 20일 '조선의 문신 율곡 이이가 사망하다' 참조

—

1927년 2월 15일

신간회 창립

—

1927년 2월 15일 YMCA회관에서 200여 명의 대표가 모인 가운데 신간회 창립 총회가 열렸다. 신간회는 민족 운동 전선의 양대 산맥이었던 민족주의 계열과 사회주의 계열이 민족의 해방을 위해 연합하여 결성되었다. 발기인으로는 언론계 대표 신석우와 안재홍, 기독교 대표 이승훈, 천도계 대표 권동진, 불교계 대표 한용운, 공산당 대표 한위건 등 28명이었다. 전국의 140여 개의 지회와 39,000여 명의 회원을 확보하였고 해외에서도 활동을 벌였다.

신간회는 강령에서 기회주의를 모두 부인하고 민족의 단결과 정치적·경제적 각성을 촉구하였다. 신간회는 완전 독립 노선의 옹호, 타협적 정치 운동의 배격, 조선인에 대한 착취 기관 철폐, 일본인의 조선 이민 정책 반대, 식민지 교육 정책 반대, 소작 쟁의와 노동 쟁의 지원, 학생 독립운동 지원 등의 다양한 민족 운동을 전개하였다. 신간회는 광주 학생 운동이 일어나자 조사단을 파견하였고, 전국적인 민중 대회를 열려고 하였으나 집행 위원장 허헌을 비롯한 간부가 체포되어 실현되지 못했다.

이후 본부 집행부가 자치 운동을 주장하는 등 타협 노선으로 나아가

자 내부 갈등이 이어졌다. 주로 사회주의 계열인 지회를 중심으로 신간
회 해소 운동이 일어나 1931년 5월 발족한 지 4년 만에 해소안이 가결
되었다.

—

1953년 2월 15일

제1차 통화 개혁

—

1953년 2월 15일 제1차 통화 개혁이 '긴급금융조치법'에 의거하여
단행되었다. 통화 개혁은 모든 사람에게 영향을 미친다는 점에서 매우
중요하며 당시의 심각한 인플레이션을 수습하여 경제 안정을 기할 목
적으로 실시하였다.

화폐 단위는 100:1로 평가 절하되어 원圓화를 100대 1로 환換화로 교
환하는 조치를 취하였다. 또한 예금의 인출과 담보 제공이 일정 기간
금지되었다. 구화폐와 수표 등 일체의 지급 수단은 지정된 금융 기관에
2월 25일까지 예입하여야 했으며 금융 기관에 대한 예금 및 금전 채권
을 모두 신고하도록 하였다. 이때 국민의 생활 자금으로 1인당 5만 원까
지만 신권으로 교환해 주었으며 신고된 예금으로 체납된 국세를 징수하
여 세입이 증대되는 효과를 누렸으며 통화 발행량이 줄어 물가 안정에
기여하였다.

그 후 1962년 6월 10일 제2차 통화 개혁이 시행되어 제1차 통화 개혁
당시 발행한 환화를 다시 10대 1의 원화로 바꾸어 주었다.

1946년 2월 15일

민주주의 민족전선 결성

1946년 2월 15일 남한 내 모든 좌익 정당 및 사회단체를 총집결하여 과도 정부 수립에 참여할 목적으로 '민주주의 민족전선'이 결성되었다. 여운형·박헌영·허헌·김원봉·백남운 등 5명이 의장이자 핵심 인물이었다. 조선 인민당·조선 공산당·조선 신민당·민족 혁명당·천도교 청우당 등 5개 정당이 중심이 되고 그 산하 사회단체를 통합하였다. 실질적으로는 조선 공산당에 의해 움직였으며 미 군정을 반대하고 한국의 공산화를 이루는 것을 궁극 목표로 삼았다. 그러나 박헌영·이주하·이현상·이강국 등 남조선 노동당의 주요 간부들이 북한으로 탈출하거나 지하로 잠입하면서 남한 내에서 소멸하였다.

1952년 2월 15일

제1차 한일 회담 개최

1952년 2월 15일 제1차 한일 회담이 연합군 최고사령부 외교국장 시볼드의 중개로 시작되었다. 한국 정부가 협상국으로 참가하지 못한 샌프란시스코 강화 회의(1951년 9월 개최)의 결과로, 이후 체결된 대일 강화 조약(제4조)에서는 한국 내에 있는 귀속 재산에 대한 처리를 한일 양국의 회담으로 해결할 것을 규정하였다. 미국은 한일 국교 정상화가 지역 통합 전략의 중요한 요소라는 인식하에 한일 회담의 개최를 중재하였다.

1951년 10월 21일 열린 예비 회담을 거쳐 1952년 2월 15일부터 이승만 정부와 일본의 요시다 시게루 내각 사이에 본회담이 시작되었다. 이 교섭의 본래 목적은 일본의 식민 통치가 남긴 유산을 청산하고 양국 간의 새로운 정치·경제 관계를 수립한다는 데 있었다.

그러나 회담이 시작되자 일본 측은 돌연 한국 재산의 85%에 달하는 일본인 재산에 대한 청구권을 주장하였다. 일본의 주장은 식민지 점령국에 대한 피점령국의 청구권 요구를 정면으로 거부하는 것이었다. 이러한 재산 청구권 문제와 어업 문제에 대한 현격한 인식 차이로 회담은 중단되었다.

이후 한일 회담은 14년이라는 장기간 마라톤 협상 끝에 1962년 12월 타결되어 한일 간의 국교 정상화가 이루어졌다.

1960년 2월 15일

민주당 대통령 후보 조병옥 사망

1960년 2월 15일 민주당 대통령 후보였던 조병옥이 선거를 1개월 앞두고 사망하였다.

조병옥은 1894년 5월 21일 충청남도 천안에서 태어나 1914년 연희전문학교를 졸업하고 미국 컬럼비아 대학교에서 경제학을 공부하고 1925년 철학 박사학위를 받았다. 1929년 광주 학생 운동의 배후 세력으로 검거되어 옥고를 치렀으며 수양동지회 사건으로 1937년 다시 투옥되었다. 한국 민주당을 창당하였고, 미군정청의 경무부장과 유엔 한국 대표를 지냈으며, 내무 장관을 역임하였다.

이후 이승만 정권과 결별하고 1956년 민주당 대표 최고 위원이 되어 야당을 이끌다가 1960년 민주당 대통령 후보가 되었다.

2월의
모든 역사

2월 16일

■
．．
■

—

1360년 2월 16일

고려, 홍건적을 격파하다

—

백성이 오랫동안 이민족 밑에서 시달리는 것에 분통을 금할 수 없어 정의를 외치며 군사를 일으켰도다. 그 후 중원을 회복하여 동으로는 제노를 넘고 서로는 함태에 들어갔으며 남으로는 민광을 지나갔고 북으로는 유연에 이르렀다.

지나는 곳마다 모두가 즐겨 귀순하여 마치 굶주린 자가 음식을 얻은 듯, 병든 자가 약을 본 듯하였다. 지금 모든 병사들에게 백성을 괴롭히지 못하게 엄히 단속하고 있으니 순종하는 백성은 안아 주고 완미하게 반항하는 자는 처벌할 것이다.

『고려사』 권 39

중국에서는 원나라 말기 정부의 가혹한 통치에 반발하여 대대적인 농민 반란이 일어났다. 이들은 송나라의 부흥을 목표로 내세웠다. 반란군들은 모두 머리에 붉은 두건을 둘러 자신들을 표시하였는데 이 때문에 이들은 '홍건적'으로 불렸다.

이들 반란군을 정신적으로 이끌어 간 것이 백련교였다. 백련교는 미륵불을 떠받들며 금욕주의를 내세우던 불교의 일파였다. 고통에 허덕이던 사람들은 자신들을 구제해 줄 미륵불의 출현을 간절히 소망하였다. 이런 사회 분위기를 틈타 백련교의 교주 한산동은 자신이 미륵불의 환생이라며 많은 농민들을 끌어모았다. 그의 신도였던 유복통이 한산동을 송나라 휘종의 8세 손으로 선전한 것도 큰 효과가 있었다.

뒷날 한산동의 반란 계획이 누설되어 처형당하자 유복통은 급히 몸을 피해 군사를 일으켰다. 병력은 삽시간에 눈덩이처럼 불어나 10만 명에 육박하였다. 거병한지 4년째에는 한산동의 아들 한림아를 찾아내 제위에 올리고 국호를 송宋이라 칭하였다.

홍건적은 원나라에 일거에 격파당할 것을 염려하여 군대를 세 갈래로 분산시켰다. 이 중 한 갈래인 개평부의 상도를 함락시키고 다시 방향을 바꿔 동북쪽 요동으로 진출하여 라오양을 점령하였다. 이곳에서 원나라 군에 반격을 당하자 홍건적은 기수를 돌려 고려로 밀려 들어갔다.

1359년 11월 3,000명이 압록강을 건너 북변을 약탈한 것을 신호탄으로 그해 12월 모거경이 4만 명의 대군을 이끌고 대대적으로 침입해 왔다. 이들은 파죽지세로 의주 · 정주 · 인주 · 철주를 차례로 함락시켰다. 당시 고려는 왜구의 침입으로 피해가 극심했는데 홍건적의 침입은 엎친 데 덮친 격이었다.

고려는 이에 놀라 부랴부랴 서북면 도원수인 이암이 구원에 나서 서경에 이르렀지만 약속된 군대가 아직 집결하지 않아 황주까지 후퇴하였다. 드디어 12월 28일 적은 서경을 함락시켰다. 고려에서는 급히 호부상서 주사충을 적진에 파견하여 적장에게 베와 안장 그리고 술을 권하면서 적의 허실을 살피게 하였다. 아울러 도원수 이암을 비겁하다 하여 해임시키고 새로이 이승경을 도원수로 발탁하였다.

이듬해 정월 주사충이 적의 글을 휴대하고 돌아왔는데, 그 내용이 오만하기 짝이 없었고 전혀 물러날 뜻을 비추지 않았다. 이러한 와중에 서경을 탈환하고자 2만 명의 군대가 생양역에 집결하였다. 적은 고려군의 반격을 예상하고 사로잡은 고려의 포로들을 잔인하게 죽였다. 그 수가 1만을 넘어 시체가 산더미처럼 쌓였다. 분노한 고려군은 서경으로 진격하여 수천 명의 홍건적을 죽이고 이들을 용강과 함종으로 물러나게 하였다. 여기서 고려군도 1천 명의 전사자를 냈다.

2월에 접어들어 안주만호 안우가 이끄는 군대가 함종을 공격했다가 기습을 당해 큰 손실을 입었다. 그러나 곧 전열을 정비하여 전력으로 다시 함종을 쳐서 적 2만 명을 살상하는 대승리를 거두었다.

이방실은 정예병 1천기를 이끌고 도망하는 적을 끈질기게 추격하여 연주강에 이르렀다. 이때 안우와 김득배가 합세하니 적이 크게 놀라 얼음을 타고 강을 건너다가 빠져죽는 자가 수천을 헤아렸다. 강을 건너는 데 성공한 적들도 고려군의 계속되는 추격으로 결국 옛 선주에서 다시 수백 명의 목이 날아갔다. 겨우 300명 가량이 마지막까지 살아남아 의주에서 압록강을 건너 달아났다. 각지에 잔류하던 적들도 고려군의 기습을 받아 모두 섬멸되었다.

그러나 홍건적의 침입은 이것으로 끝나지 않았고 1361년 관선생 등이 10만 대군을 이끌고 2차 침입을 하였다.

2009년 2월 16일

김수환 추기경 선종

2009년 2월 16일 종교적 지도자이자 이 땅의 살아 있는 양심, 가난한 이들의 벗이었던 김수환 추기경이 선종했다. 종파는 물론, 각계각층에서 고인을 추모하고 애도하는 행렬이 이어졌으며 세계의 주요 언론 역시 긴급 뉴스로 보도하였다.

김 추기경은 1922년 대구에서 독실한 가톨릭 집안의 막내로 출생하였으며 세례명은 스테파노이다. 1968년 제12대 서울대교구장으로 임명되면서 대주교가 되었고 1969년 교황 바오로 6세에 의해 한국 최초의 추기경이 되었다. 1984년에는 한국 천주교 200주년 기념 성회를 교황 요한 바오로 2세가 집전한 가운데 개최하였으며, 1998년 서울대교구장을 은퇴하였다.

1970년에는 국민훈장 무궁화장을 받았으며 1974년 민청학련 사건으로 지학순 주교의 석방을 탄원하러 박정희 대통령을 직접 찾아가 정권의 독재를 강도 높게 비판하였다. 1980년대 군사정권 출범 뒤에도 재야 활동을 하였다. 김 추기경의 사상은 유신 체제 아래에서 탄압을 당하던 민주화 인사들의 인권과 정의의 회복을 위해서 쓰였다. 1980년대 민주화 운동에 엄청난 영향을 끼쳤지만 그 결과 한국 천주교회는 정치적으로 많은 고난을 겪게 되었다.

1998년 5월 29일에는 서울대교구장과 평양교구장 서리직을 사임하고 정진석 대주교에게 물려주었으며 이후 많은 사회 활동에 참가하여 세계적으로 최고령 추기경과 최장재임 추기경으로서 명성을 얻었다.

1942년 2월 16일

김정일 출생

북한 국방 위원장 김정일은 1942년 2월 16일 김일성과 김정숙 사이에서 태어났다. 그의 어머니는 그가 인민학교에 들어가던 해에 죽었다.

그는 1964년 3월 김일성 종합대학교 경제학부 정치경제학과 졸업하고 1971년 6월 노동당에 입당하였다. 1964년 6월 당중앙위원회 조직지도부 지도원이 되었으며, 1971년에는 부부장이 되었다. 중앙당 문화예술부장을 거쳐 1973년 9월에는 당의 조직 및 선전선동담당 비서라는 막강한 지위를 차지하였다. 1974년 2월 당정치위원회 위원까지 겸함으로써 그는 김일성의 후계자로서의 기반을 공고히 다졌다.

김정일은 1980년 10월 10~14일 개최된 제6차 당 대회에서 중앙위위원, 정치국 상무위원, 비서국 비서, 군사위 위원으로 선출됨으로써 공식적으로 2인자의 자리를 굳혔다. 1991년 최고 사령관이 되었고 1993년 4월 국방 위원장에 선출되어 군권을 완전히 장악함으로써 김일성이 살아 있는 동안 이미 사실상 실질적인 최고 통치자가 되었다.

1994년 7월 김일성이 죽고 그가 김일성의 후계자로 확정되면서 북한 권력의 세습 체제가 완성되었다.

1365년 2월 16일

노국 공주 사망

1365년 2월 16일 고려 제31대 공민왕의 왕비인 노국 공주가 사망하였다. 공민왕은 원나라에서 숙위하고 있을 때 원나라 황실의 친척인 우왕의 딸 노국 공주를 아내로 맞이하였다. 원나라 황실의 강력한 후원으로 공민왕이 충정왕을 퇴위시키고 고려의 왕이 되자 노국 공주도 함께 고려로 왔다. 왕과 왕비는 무척 금실이 좋았으나 아이가 없었다. 그러다가 16년 만에 드디어 아이를 갖게 되었지만 난산 끝에 노국 공주는 그만 눈을 감았다.

1958년 2월 16일

KNA 여객기 납북

1958년 2월 16일 대한국민항공공사(현 대한항공) 소속 여객기가 부산을 이륙하여 서울로 향하던 중 북한 간첩에게 납북당했다.

이날 오전 11시 30분 KNA여객기인 창랑호가 미군중령 1명을 포함한 승객 28명과 승무원 3명을 태우고 부산 수영 비행장을 이륙하여 평택 상공에 이르렀을 때였다. 무장한 북한 간첩들이 총기로 승객을 위협하고 조종사에게 '기수를 북으로 돌리라'고 명령하여 비행기는 휴전선을 넘어 평안남도 순안 비행장에 강제 착륙하였다.

한국 정부는 군사 정전 위원회를 통하여 북한 측에 승객과 승무원,

기체의 즉시 송환을 강력히 요구하였다. 이에 북한은 납북 18일 만인 3월 6일 간첩을 제외한 승객과 승무원을 송환하였으나 기체는 끝내 돌려보내지 않았다.

—

2010년 2월 16일

모태범, 올림픽 스피드스케이팅 사상 첫 금메달

—

2010년 2월 16일 캐나다 밴쿠버에서 열린 동계 올림픽 스피드스케이팅 남자 500m 경기에서 모태범이 69초 82를 기록하며 금메달을 차지하였다. 1차 시기에서 34초 92를 기록하여 2위로 결승선을 통과한 후, 2차 시기에서 34초 90로 결승선을 통과하며 합계 69초 82로 중간 순위 1위로 올라선 것이었다. 1948년 한국이 처음 참가했던 생모리츠 동계 올림픽 이후 62년 만에 스피드스케이팅에서 이룬 사상 첫 금메달이었다.

2월의
모든 역사

2월 17일

—

1450년 2월 17일

세종이 승하하다

—

임금은 침착하고 과묵하며 제왕의 위의가 있었다. 왕위에 오르자 총명과 지혜는 만민에 뛰어난 성인이었고, 너그러움과 온유함은 뭇 백성을 용납하고 기르는 덕을 지녔다. 사물을 처리함에 혼자서 판단하여 주장이 있었고 위엄 있고 모범이 되어 근엄하고 조심성이 있었으며, 사물의 조리를 세밀히 관찰하는 분별력이 있었다.

『연려실기술』권 3

조선 시대에는 건국자인 태조를 비롯하여 지배 체제를 완성한 성종, 중흥의 군주로 평가받는 영조와 정조 등 몇몇 주목되는 왕들이 있다. 그러나 이들 누구보다도 세종은 단연 돋보인다. 현재 그의 이름이 들어간 연구소나 대학, 문화 회관 등의 단체들이 넘쳐나고 그를 다룬 저서들이 홍수를 이루는 것은 결코 우연이 아니다.

그러나 장자 세습이 제대로 지켜졌더라면 본래 세종은 왕이 될 수 없었다. 그것은 낙타가 바늘구멍을 통과하는 것만큼 힘든 일이었다. 아버지인 태종이 태조 이성계의 다섯째 아들인데다 세종 자신은 그 태종의 셋째 아들이었기 때문이다. 당시 세자는 양녕 대군이었다. 그러나 개와 매에 관련한 모종의 사건이 터지면서 양녕은 태종의 눈 밖에 나기 시작하였다.

그러던 어느 날 양녕은 권초네 집에 황상을 보내 강아지라도 구해오라고 시켰다. 마침 권초는 없었고 그의 아내만 집에 있었는데 황상은 세자의 명을 받은지라 주인도 없는 집에서 그냥 강아지를 들쳐 안고 나왔다. 이 일이 태종의 귀에 들어가자 양녕은 부왕으로부터 호된 꾸지람을 당했다. 이에 앞서 동생 충녕(후일 세종)의 매를 빼앗아 궁중에 숨겼다가 들킨 일도 있었다.

마침내 태종은 어진 사람을 세자로 한다는 명분으로 양녕을 폐하고 충녕을 세자로 삼았다. 둘째 효녕이 있었지만 태종의 마음은 오직 충녕에게 쏠려 있었다. 그리고 놀랍게도 세자로 책봉한 그해에 충녕에게 왕위를 물려주었다. 생전에 왕위에서 스스로 물러나는 일은 흔한 일이 아니었다. 태종은 양위하였지만 군사권은 꽉 틀어쥐고 4년간 섭정하였다. 따라서 태종이 살아 있는 한 세종은 그의 충실한 대리자일 뿐이었다. 이 기간이 세종에게는 왕위에 대한 수습 기간이었다. 태종은 아들 세종의 앞길에 장애물이 될 만한 것들은 모두 없애 버렸다. 악역을 자처한 것이었다.

태종이 죽자 천성이 총민하고 학문이 뛰어났던 세종은 여러 분야에서 자신의 역량을 마음껏 펼쳤다. 그중 한글의 창제는 세종이 남긴 업적 중 가장 의미가 크다. 고유 문자의 발명은 민족 문화가 발전할 수 있는 획기적인 계기를 마련한 것이었다. 또 지배층의 반발을 무릅쓰고 일반 백성을 위해 문자를 창안한 정신도 높이 평가된다. 무엇보다도 한글의 창제는 그 효과가 현재 진행형이라는 점에서 더욱 가치가 있다.

세종 대의 정치가 유교 정치 이념을 잘 구현하였던 것은 집현전의 역할이 컸다. 세종은 즉위 2년에 왕립 연구소라 할 수 있는 집현전을 설치하여 그곳에 젊고 유능한 학자들을 기용하였다. 이들에게는 사헌부의 감찰도 면해주고 사가독서제賜暇讀書制라는 장기 휴가를 주어 학문 연구에만 몰두할 수 있게 하였다. 오늘날 대학에서 실시하는 안식년제도 이것의 연장선에 있다고 볼 수 있다.

집현전의 학사들은 왕에게 경연을 행하고 중국의 옛 제도와 역사를 탐구하거나 의학서나 농서 등 각종 서적을 편찬하였다. 훈민정음도 바로 집현전이 이룬 성과였다. 세종의 집현전 학사에 대한 사랑과 신임이 얼마나 컸는지는 신숙주의 일화에 잘 드러나 있다.

어느 추운 겨울 밤 자정이 넘은 시간인데도 집현전 숙직실에서 등불이 새 나오고 있었다. 이를 본 세종은 내관에게 누가 있는지 가만히 살피고 오라고 명하였다. 내관은 신숙주가 혼자 밤늦게까지 책을 읽고 있다고 보고하였다. 세종은 고개를 끄덕이고 내관에게 그가 언제까지 공부하는지 계속 지켜보라고 하였다.

신숙주는 새벽녘까지 공부하다가 그 자리에 쓰러져 잠이 들었다. 내관
이 이를 세종에게 보고하자 세종은 자신의 옷을 내주며 가만히 덮어 주
라고 하였다. 아침에 잠에서 깬 신숙주는 자신의 몸에 임금의 외투가
덮여 있는 것을 보고 뜨거운 눈물을 흘렸다.

집현전의 눈부신 활약은 과학 · 기술 분야에도 많은 영향을 미쳤다.
천문학을 전문적으로 연구하는 서운관에서는 혼천의라는 천체 관측 기
구를 만들어 냈다. 시간을 측정하는 해시계와 물시계도 제작되었다. 해
시계로는 앙부일구가 물시계로는 자격루가 대표적이다. 또 세계 최초
로 강우량을 측정하는 측우기가 발명되어 백성들의 실생활에 도움을
주었다. 세종은 천문 · 역서의 정리에도 큰 관심을 가져 『칠정산 내외
편』을 편찬케 하였다.

또한 세종 대에는 국토의 개척과 확장을 통해 국력의 신장을 꾀하였
다. 김종서를 시켜 두만강 유역에 6진을 개척했고 압록강 부근에 4군을
설치해 국경선을 확대하였다. 태종이 군권을 행사한 것이긴 하지만 이종
무가 대마도를 정벌한 것도 세종 대의 일이었다.

이 밖에 세종은 박연을 등용해 아악을 정리하고 금속 화폐인 조선통보
를 만들었다. 성주와 전주에는 실록을 보관하는 사고를 추가로 만들게 하

세종 대의 주요 출판물

편찬연대	편찬물	편찬연대	편찬물	편찬연대	편찬물
세종 10	효 행 록	세종 26	운 회 언 역	세종 27	의방유취
세종 11	농 사 직 설	세종 26	오 례 의 주	세종 28	훈민정음
세종 14	삼강행실도	세종 26	칠정산내외편	세종 29	동국정운
세종 15	향약집성방	세종 27	치 평 요 람	세종 30	사서언해
세종 18	동국세년가	세종 27	용비어천가		

였는데 이것은 임진왜란 때 『조선왕조실록』이 살아남을 수 있는 기반이 되었다. 세종 개인의 일생은 그의 신병을 비롯하여 꼭 행복하다고는 할 수 없지만 정치 · 사회 · 경제 등 모든 분야에서 그야말로 빛을 뿜어냈다.

1403년 2월 17일

조선, 동활자 계미자 주조

태종은 나라에 서적이 적다고 생각하여 1403년 활자를 주조할 것을 명하였다. 그에 따라 우선 활자를 만드는 주자소를 설치하여 승정원에 소속시켰다. 주조의 책임은 예문관 대제학 이직, 총제 민무질, 지신사 박석명, 우대언 이응 등에게 맡겼다.

임금이 구리를 하사하고 대소 신료가 바친 구리를 합하여 활자를 만들었다. 활자는 1.4cm²의 크기로 송나라의 책인 『시경』『서경』『좌전』을 글자의 본으로 삼아 10만자를 만들었다. 이렇게 만들어진 것이 계미자로 조선 시대 최초의 구리 활자이다.

계미자로 인쇄하여 전하는 것은 『송조표전총류』 1책과 『십칠사찬고금통요』 1책이 있다. 한편 주자소의 설치로 다양한 책을 찍어 낼 수 있게 되어 독서 보급에 큰 도움이 되었다.

주자소는 이후 승정원 소속에서 세조 8년(1460)에 교서관 소속으로 바뀌었으며 정조 6년(1782)년에 교서관이 규장각에 소속되면서 아울러 넘어갔다.

1489년 2월 17일

화담 서경덕 출생

송도 3절로 유명한 화담 서경덕은 1489년 2월 17일 개성에서 태어났
다. 하급 관리의 아들로 태어난 그는 가세가 빈약하여 주로 독학으로 공
부하였다. 어려서부터 뛰어난 자질을 보이던 그는 학문을 익히면서 스
스로 사색하여 그 깊은 뜻을 터득하였다. 그는 사색을 통한 경험적인 방
법으로 본체론에 접근하였다.

애초에 과거에는 뜻을 두지 않았으므로 31세 때 현량과에 개경의 큰
인물로 추천되었으나 응하지 않았다. 후에 관직에 추천되어도 거절하고
나가지 않았으며 가난을 벗 삼아 학문에만 열중하였다. 34세 때 금강산,
속리산 등 명승지를 찾아 유람하고 돌아와 화담 연못가에 조그만 서재
를 짓고 후학을 가르치기도 했다.

그의 학문은 주자보다는 소옹 · 장재 등 북송 성리학자의 영향을 받
았다. 그는 우주 만물은 기로 이루어졌다고 주장하고 세계의 통일성은
그 물질성에 있다고 보았다. 서경덕은 이理와 기氣를 일원적으로 파악하
여 주기론의 시초가 되었다. 그의 논저 『원리설』 『이기설』 『태허설』 『귀
신사생론』 등에는 '이'보다는 '기'를 중시하는 주기 철학의 입장이 정리
되어 있다. 대표적 문인으로는 허엽 · 박순 · 민순 · 박지화 · 서기 · 한
백겸 · 이지함 등이 있으며 정치적으로 박순은 서인이 되고 허엽은 동
인에 가담하였다.

한편 북한에서는 서경덕의 주기 철학을 유물론의 원류로 평가하였
다. 개성의 숭양서원과 화곡서원에 제향되었으며 문집으로는 『화담

집』이 있다.

1988년 2월 17일

세종 과학 기지 준공

1988년 2월 17일 남극에 세종 과학 기지가 준공되었다. 한국은 1978
년 처음으로 남극 탐사를 시작하였고 남극의 무한한 자원 개발에 참여
할 수 있는 연고권을 획득하기 위하여 남극 과학 기지를 설치한 것이
었다. 연건축면적 2,820.1m^2 규모로 본관동 · 연구동 · 숙소 · 중장비보
관동 · 발전동 · 관측동 · 정비동 · 창고 · 체육관 등으로 이루어져 35명
이내의 연구 및 지원 인력이 상주할 수 있다.

한국은 1986년 11월 33번째 남극 조약 서명 국가가 되었으며 남극조
약협의당사국ATCP의 지위를 갖고 있다.

1869년 2월 17일

독립운동가 이동녕 출생

1869년 2월 17일 독립운동가 이동녕이 충청남도 천원에서 태어났다.
1905년 일제의 강압으로 을사조약이 체결되자 동지들과 결사대를 조
직하여 이 조약의 무효와 파기를 선언하며 시위를 벌이다가 일본 헌병
에게 잡혀 고문을 당했다. 1926년 대한민국 임시정부의 국무령과 법무
총장을 지냈다. 1939년 대한민국 임시정부의 네 번째 주석이 되어 김

구와 전시 내각을 구성하고 중국 시안에 군사 특파단을 파견하으나 이
듬해 급성 폐렴으로 쓰촨성에서 눈을 감았다.

1960년 2월 17일

김포국제공항 청사 준공

1960년 2월 17일 김포국제공항 종합청사 준공식이 열렸다. 김포국
제공항은 1942년 준공되어 1957년까지 군용 비행장으로 사용되었으
나 이듬해 1월 국제공항으로 지정되어 민간 항공기 운항이 가능해졌
다. 이후 종합청사를 신축하여 각종 시설과 기능을 확대하여 본격적으
로 공항의 모습을 갖추게 되었다.

1992년 2월 17일

노태우 대통령, 남북 기본합의서와
비핵화 공동 선언에 서명

1992년 2월 17일 노태우 대통령은 남북 기본 합의서와 비핵화 공동
선언에 서명하였다. 지난 1991년 12월 31일 제5차 남북 고위급 회담에
서 남북한은 '남북 사이의 화해와 불가침 및 교류 협력에 관한 합의서'
와 '한반도의 비핵화에 관한 공동 선언문'에 합의하였다. 이어 이듬해 2
월 19일 평양에서 개최된 제6차 남북 고위급 회담에서 남북은 남북 기
본 합의서와 비핵화 공동 선언을 공식 발효시켰다. 1989년 2월 8일 제

1차 예비회담을 시작으로 3년에 걸쳐 진행된 회담을 통해 역사적인 합의를 도출해 낸 것이었다. 그러나 1993년 북한이 핵확산금지조약NPT에 탈퇴하면서 남북 관계가 경색되어 합의서 문안은 사실상 효력을 잃고 말았다.

2월의
모든 역사

2월 18일

1645년 2월 18일

소현 세자가 돌아오다

순치 원년에 조선 국왕 인조의 세자가 베이징에 볼모로 왔는데, 샬 신부의 명성을 듣고 가끔씩 천주당을 찾아와서 천문학 등을 살펴 물었다. 샬 신부도 자주 세자 관사를 찾아가 오래도록 이야기를 나누고 서로 깊이 사귀니, 샬 신부는 거듭 천주교가 정도임을 말하고 세자도 자못 듣기를 좋아하여 자세히 묻곤 했다.

세자가 귀국하자 샬 신부는 그가 지은 천문·산학·성교정도의 서적 여러 가지와 여지구(지구의) 1가, 천주상 1폭을 선물로 보냈다. 세자는 삼가 이것들을 받고 손수 글월을 써 보내 고마움을 표하였다.

황비묵 『정교봉포』

병자호란 후 청나라에 끌려갔던 소현 세자가 9년간의 볼모 생활에서 풀려나 드디어 고국으로 돌아왔다. 그러나 정작 그를 기다리고 있던 것은 따뜻한 환대가 아니라 인조의 냉대였다. 인조는 소현 세자에 대한 신하들의 하례조차도 금지하였다. 심지어 세자가 귀국하면서 가져온 물품들에 대해서도 갖가지 트집을 잡았다.

이에 세자는 크게 낙담하였고 결국 귀국한 지 두 달 만에 병석에 누웠다. 오한과 발열로 시름시름 앓던 그는 병이 생긴 지 불과 3일 만에 창경궁에서 죽었다. 『조선왕조실록』은 이 죽음에 대하여 온몸이 새까맣게 되고 일곱 군데의 구멍에서 선혈이 낭자했다고 적고 있는데 소현 세자의 죽음을 독살로 보는 유력한 근거가 되었다.

독살설의 신빙성은 소현 세자가 청나라에 볼모로 잡혀있던 시절 그의 행적을 통해 엿볼 수 있다. 소현 세자는 삼전도의 굴욕으로 봉림 대군 등과 함께 청나라에 인질로 잡혀갔다. 이때 인조는 세자를 배웅하며 청나라에 끌려가더라도 그들에게 절개를 굽히지 말라고 신신당부했다. 세자는 심양에 도착하자 새로운 숙소를 지어 그곳에 거주하게 되었는데 이것이 심양관이었다. 청나라는 이곳을 통하여 조선과의 문제를 처리하고자 하였다. 인조도 청나라에 대한 감정이 좋지 않았기 때문에 예민한 문제는 심양관으로 넘겨버렸다.

이 과정에서 소현 세자가 부딪힌 가장 어려운 문제는 명나라 정벌을 위한 파병 요구였다. 조선은 청나라의 요구에 응하긴 했지만 임경업이 이끄는 조선군은 명을 제대로 공격하지 않았다. 청나라는 이를 조선의 배신으로 보고 용골대를 조선으로 보내 중신들을 꾸짖는 한편 반청론자인 김상헌 등을 심양으로 압송하여 강도 높게 심문하였다. 이때 소현 세자는 청나라와 조선 사이를 중재하고자 애썼는데 인조는 이것을 아

주 못마땅하게 여겼다. 세자가 변심하여 청나라에 달라붙은 것으로 본
것이었다.

소현 세자가 청나라에 우호적이었던 것은 사실이다. 그는 청나라에
볼모로 있으면서 대륙의 정세를 직접 눈으로 관찰할 수 있었다. 명나라
는 이미 사망 선고를 받았다는 것이 그의 인식이었다. 명나라의 마지막
희망이었던 오삼계가 청나라에 투항하는 것을 보고 그 생각은 굳어졌
다. 따라서 그가 친청 정책을 지지한 것은 당연한 결과였다.

그러나 이것은 인조와 서인 정권의 거센 반발을 초래했고 그들은 소
현 세자를 위험한 인물로 낙인찍었다. 삼전도의 굴욕을 겪은 인조의 반
청 감정은 어떤 실리주의 노선도 용납하기 어려운 상태였다. 더구나 청
나라에서 심심찮게 국왕 교체설도 흘러나와 소현 세자는 단단히 인조
에게 미운 털이 박혀 있었다.

1644년 청나라가 베이징을 함락시키자 소현 세자는 심양을 떠나 베
이징으로 거처를 이동하게 되었다. 이곳에서 예수회 선교사인 아담 샬
을 만나 천문과 역학, 천주교 등 서양 문물에 흠뻑 취하였다. 아담 샬이
조선에 천주교가 전파되길 희망하자 소현 세자는 귀국할 때에 천주교
신자인 중국의 환관과 궁녀들을 동반시킬 정도였다.

소현 세자 동정은 사은사나 역관을 통해 조정에 낱낱이 보고되었는
데 인조는 세자가 천주교에 심취해 있다는 소식을 듣고 몹시 분개하였
다. 인조의 이런 적개심 때문에 소현 세자는 볼모 생활에서 풀려난 것
이 오히려 죽음으로 치닫는 시작이 되었다.

소현 세자의 갑작스런 죽음은 많은 소문을 만들어 냈다. 그중의 하나
가 벼루 사건이다. 소현 세자는 귀국 후 인조와의 자리에서 볼모 생활
의 감회를 말하게 되었는데 그가 청나라 세조의 인품을 찬양하자 인조

가 잔뜩 흥분하여 벼루를 던지는 바람에 그 자리에서 즉사했다는 것이었다. 비록 소문이긴 하지만 인조가 소현 세자의 죽음에 깊숙이 관련되어 있음을 짐작해 볼 수 있다.

소현 세자가 죽자 세자의 자리는 동생인 봉림 대군에게 돌아갔다. 이가 후일의 효종으로 소현 세자와 달리 투철한 반청주의자였다. 소현 세자의 죽음은 이후 많은 문제의 씨앗이 되었다. 현종 대에 격렬했던 예송 문제도 사실 소현 세자가 왕위에 즉위하였더라면 피해갈 수 있는 문제였다.

—

1389년 2월 18일

고려의 도순문사 박위, 쓰시마 섬 정벌

—

1389년 2월 18일 도순문사 박위가 쓰시마 섬 정벌에 나섰다. 박위는 함선 100여 척을 이끌고 쓰시마 섬을 쳐들어가 왜선 300여 척을 불사르고, 노사태를 진멸하여 고려의 민간인 포로 100여 명을 구출하였다.

쓰시마 섬은 고려와 일본 사이의 해협에 위치한 곳으로 원래 토지가 척박하여 식량을 외부에서 충당해야만 했다. 고려 말부터 일본은 우리와 밀접한 관계를 유지하며 조공의 형식을 취하여 그 대가로 미곡을 받아 갔다. 그러나 일본은 기근이 심할 때에는 갑자기 해적으로 돌변하여 해안을 약탈하였기 때문에 조정에서 군사를 일으켜 이를 정벌하고자 하였던 것이었다.

박위는 고려 말기·조선 초기의 문신으로 1388년 요동정벌 때에 이성계가 위화도에서 회군할 때 그를 따라 회군하여 최영을 몰아낸 후 경상도 도순문사가 되었다. 그 후 자혜부판사가 되어 이성계와 함께 창왕을 폐하고 공양왕을 옹립하는 데 공을 세워 문하부지사가 되었다.

—

1913년 2월 18일

운보 김기창 화백 출생

—

바보산수로 잘 알려진 운보 김기창은 1913년 2월 18일 종로 운니동에서 태어났다. 그는 6세에 장티푸스로 청각을 잃고 불우한 어린 시절을 보내다가 17세 때 어머니의 손에 이끌려 이당 김은호에게서 그림을 배우기 시작하였다.

그는 1년 만에 「판상도무 널뛰기」로 제10회 조선미술전람회에 입선하면서 뛰어난 역량을 과시하였다. 이후 연 5회의 입선과 연 4회 특선을 기록하는 등 그 실력을 인정받았다. 산수ㆍ인물ㆍ화조ㆍ영모ㆍ풍속 등에 능했던 그는 구상과 추상을 넘나들었으며, 활달하고 힘찬 붓놀림, 호탕하고 동적인 화풍으로 한국화의 새로운 경지를 열었다. 만 원권 지폐의 세종 대왕 초상화는 그의 그림이다.

대표작으로는 「가을」 「보리타작」 「소와 여인」 「태양을 먹은 새」 등이 있다.

1955년 2월 18일

인촌 김성수 사망

교육가 · 언론인 · 정치가로 다양한 이력의 활동을 한 인촌 김성수가 1955년 2월 18일 사망하였다. 그는 1932년 보성전문학교를 맡아 교장으로 취임하였는데 이 학교를 기초로 고려대학교가 창립되었다. 김성수는 1920년 동아일보를 창립하여 일제 강점기 언론을 통하여 민족의식을 고취시키고자 노력하였다.

그러나 1938년 이후 일제 말기에 학병제 · 징병제를 찬양하는 글을 쓰거나 강연을 하는 등 친일의 굴절된 삶을 살았다. 광복 후에는 미군정청 수석고문관을 지냈으며 1949년 2월 민주국민당 최고 위원이 되었고 1951년 제2대 부통령이 되었으나 이듬해 5월 사임하였다.

2월의
모든 역사

2월 19일

■
.
■

1862년 2월 19일

진주 민란이 발생하다

임술년 2월 19일. 진주민 수만 명이 머리에 흰 수건을 두르고 손에는 나무 몽둥이를 쥐고 무리를 지어 진주 읍내에 모여 서리들의 가옥 수십 호를 부수고 불사르니 그 움직임이 결코 가볍지 않다.

병사가 해산시키고자 장터에 나가자 흰 수건을 두른 백성들이 그를 빙 둘러싸고 백성의 재물을 횡령한 조목, 아전들이 세금을 포탈하고 강제로 징수한 일들을 면전에서 여러 번 문책하는데 그 능멸하고 핍박함이 거침없었다. 이방의 아들 만두가 그 아비를 구하고자 하였으나 역시 난민에게 밟혀 죽었다.

『임술록』

　　1862년 2월 경상북도 지리산 기슭에 위치한 단성현에 일대 소란이 일어났다. 고을 사람들이 환곡의 여러 폐단에 항의하여 직접 관아로 쳐들어가자 현감이 감영으로 도망쳤던 것이다. 조정에서는 사태의 심각성을 인식하지 못했는지 수령을 교체하는 선에서 조치를 마무리했다. 그러나 이 불똥은 곧 진주로 튀었고 진주에서의 대대적인 봉기는 삼남 지역 전체로 들불처럼 번졌다.

　　진주가 민란의 결정적인 도화선이 된 것은 경상우병사 백낙신의 지나친 탐욕과 악랄한 착취 때문이었다. 그는 온갖 수단으로 농민들을 수탈하여 그 액수가 무려 수만 냥에 달하였다. 마침 진주목사 홍병원이 부족한 세금을 메우고자 도결이라는 명목으로 8만 냥 가량을 일시에 호별로 부과했다. 그러자 백낙신 역시 통환이라는 이름으로 7만 2천 냥을 진주 백성들에게 할당하여 자신의 부정으로 축난 재정을 메우려고 하였다. 이에 진주 농민들은 극도로 분노했다.

　　처음 진주 민란의 싹이 튼 곳은 진주에서 서남쪽으로 30리쯤 떨어진 유곡동이었다. 이곳에 살던 유계춘은 김수만 · 이귀재 등과 봉기할 것을 모의하였다. 이들은 많은 농민들을 집회에 동원하고 군중을 효과적으로 이끌어 갈 행동 계획을 세웠다. 한편 백낙신의 조치에 흥분한 사람들 중에는 나무를 베어 땔감으로 팔아먹고 사는 초군들도 많았다. 이들은 이계열을 우두머리로 삼아 조직을 만들었으며 유계춘과 밀접한 관계를 갖고 움직였다.

　　중앙에서 교리를 지낸 이명윤도 항쟁에 가담하였는데 그는 도결과 통환의 부당성을 대구 감영에 알리자는 소극적 투쟁을 주장하였지만, 유계열과 이계춘은 효과가 없다며 일축하였다. 그러던 중 이웃 단성현의 봉기 소식에 자극을 받아 통문을 돌리고 마침내 2월 18일 행동을 개시하였다.

그들은 먼저 서쪽으로 나가 수곡 시장을 휩쓸고 다시 덕산 시장으로 몰려갔다. 이곳은 진주성에서 수십 리 떨어진 곳이었는데 농민들은 철시를 강행하고 봉기에 찬동하지 않은 훈장의 집을 때려 부쉈다. 여기저기에서 백낙신에게 본때를 보여 주자는 소리들이 터져나왔다. 그러자 당장 진주읍으로 달려가자는 분위기가 형성되었고 이에 유계춘과 이계열은 "머리에 흰 수건을 동여매고 손에는 몽둥이를 드시오."라고 소리쳤다. 이미 잔뜩 달아올라 있던 군중들은 머리에 흰 수건을 두르고 손에는 몽둥이나 곡괭이 같은 농기구를 들고 성난 파도처럼 진주성으로 갔다. 그들은 시위에 불참하는 자에게는 벌금을 물리고 반대하는 자의 집은 불태웠다.

이튿날 농민들의 봉기 소식을 들은 백낙신이 사태를 수습하기 위해 모습을 드러냈다. 흥분한 군중들은 백낙신을 겹겹이 둘러싸고 그와 서리들의 죄상을 낱낱이 밝혔다. 그다음 가장 악명이 높던 이방 김준범과 포리 김희순을 잡아 곤장을 치고 불태워 죽였다. 백낙신은 도결을 취소하겠다는 약속을 하고서야 겨우 풀려났다.

이후 시위대의 목표는 지주들로 바뀌었다. 그들은 평소 농민들을 괴롭히는 것으로 소문이 자자한 지주들의 집을 부수거나 불사르고 재물을 빼앗았다. 수령과 서리, 지주들은 모두 한통속이라고 생각한 것이었다. 조정에서는 부랴부랴 박규수를 안핵사로 파견하여 사태를 수습하게 하였다. 그러나 진주에서의 봉기는 입에서 입을 타고 전해져 순식간에 삼남 지방으로 확대되었는데 이것이 소위 임술민란이다.

1136년 2월 19일

서경성 함락, 묘청의 난 평정

1136년 2월 19일, 김부식이 거느린 관군의 기습 공격으로 서경성이 함락되어 1년 만에 반란군이 진압되었다. 조광을 비롯하여 반란군 지도자들은 성이 함락되자 스스로 목숨을 끊었고 이로써 묘청의 난은 끝이 났다.

1135년 1월 묘청은 조광 · 유참 등과 함께 국호를 대위국, 연호를 천개라 선포하고 서경에서 반란을 일으켰다. 이에 인종은 김부식을 토벌군 사령관에 임명하였다. 김부식은 출정에 앞서 개경에 있던 백수한 · 정지상 · 김안 등을 처형하고 서경으로 출발하였다. 조광은 형세가 불리하다고 판단하여 묘청 · 유담 · 유호의 목을 베어 개경으로 보내고 항복을 청했지만 면죄가 어려울 것임을 깨닫고 끝까지 항전을 결의하였다.

그러나 반란군은 1년이 넘는 항전으로 식량이 떨어져 굶주리게 되자 사기마저 떨어졌다. 이때 관군의 총공격으로 성이 함락되었고 마침내 반란은 끝났다. 결국 서경 세력의 몰락으로 개경의 문신 귀족 세력의 독주가 시작되어 이후 고려의 왕권은 더욱 약화되었다.

* 1135년 1월 4일 '묘청, 서경에서 난을 일으키다' 참조

1452년 2월 19일

『고려사절요』 편찬

1452년 2월 『고려사절요』 35권이 완성되었다. 1451년 8월 『고려사』를 찬진하는 자리에서 감춘추관사 김종서가 편년체의 사서를 편찬할 것을 건의하여 문종의 허락을 받은 지 6개월 만이었다. 『고려사절요』는 기전체 역사서 『고려사』와 보완 관계에 있다. 편년체 사서로 『고려사』와 함께 고려 시대 연구에 중요한 기본 사료이다. 『고려사절요』는 편찬 완료 다음 해에 갑인자로 출판되어 35권 35책으로 장정되었다. 이 초간본의 전질은 일본 나고야의 호사문고에 있으며, 서울대학교 규장각에 그 일부인 24책이 있다.

1897년 2월 19일

우리나라 최초의 민간 상업 은행, 한성은행 발기

1897년 2월 19일 우리나라 최초의 민간 상업 은행인 한성은행이 김종한·이보응 등에 의하여 합자 회사로 설립되었다. 이후 영업 부진으로 중도에 휴업하였다가 1903년 2월 다시 설립하였다. 1907년에는 주식회사로 바뀌었는데 사세가 확장되어 일본 도쿄와 오사카에 지점을 설치하였다. 그러나 경영 악화로 인해 1928년 조선 식산은행의 소유로 넘어갔다.

이후 1943년 동일은행과 합병하면서 조흥은행으로 상호를 변경하였다. 1999년에는 4월 충북은행과 강원은행을 합병하여 큰 규모를 자랑하였으나 다시 신한은행으로 흡수 합병되었다.

1977년 2월 19일

증권 감독원 개원

1977년 2월 19일 증권 감독원이 증권 거래법에 의해 한국 투자 공사에서 분리되어 특수 법인으로 출발하였다. 증권 감독원은 유가 증권의 발행 촉진과 관리, 공정한 거래 질서 확립, 증권 관계 기관의 감독과 검사를 통해 건전한 자본 시장 육성 등과 관련된 업무를 수행하는 무자본 특수 법인이다. 그 후 1999년 1월 2일 '금융 감독 기구의 설치 등에 관한 법률'에 의거하여 은행 감독원 · 보험 감독원 · 신용 관리 기금 등과 함께 금융 감독원으로 통합되었다.

2월의
모든 역사

2월 20일

■
■
■

1584년 2월 20일

조선의 문신 율곡 이이가 사망하다

선생이 경연에서 아뢰기를 "국세가 부진한 것이 극도에 달했으니 십 년이 지나지 않아 마땅히 나라가 무너지는 화가 있을 것입니다. 원컨대 십만의 군병을 미리 길러 도성에 2만 명, 각도에 1만 명씩 을 배치하되, 호역을 면제하고 재간이 있는 자 교련해 6개월로 나 누어 교대로 도성을 수비하게 하고, 변란이 있으면 십만 명을 동원 해 도성을 지키도록 하여 위급한 사태에 대비하게 하소서."

『율곡전서』권 34

율곡 이이는 중종 31년 사헌부 감찰을 지낸 이원수의 아들로 외가인 강릉 오죽헌에서 태어났다. 잘 알려진 대로 그의 어머니는 신사임당이다. 그녀는 시와 글씨에 모두 능하였는데 특히 그림에 조예가 깊었다. 언젠가 그림을 말리려고 밖에 내놓자 닭이 그림 속의 벌레를 진짜로 착각하고 쪼아댔다는 일화는 유명하다.

율곡을 낳던 날, 신사임당은 검은 용이 바다에서 날아와 마루 천장에 들어와 앉는 꿈을 꾸었다. 그래서 율곡의 어릴 적 이름을 현룡이라고 지었다. 이미 어려서부터 율곡은 신동이라는 소리를 들을 만큼 총명하였다. 세살 때 외할머니가 마당의 석류 열매를 보여 주며 "저것이 무엇과 같으냐?"고 묻자, 율곡은 "석류 껍질 속에는 붉은 구슬이 부서졌네."라고 대답하여 주위를 놀라게 하였다. 율곡은 말하기도 급급한 나이에 이미 글까지 깨우쳤다. 이러한 천재성은 과거를 통해 그 진가를 발휘하게 된다. 율곡은 1548년 불과 13살의 나이로 진사 초시에 합격하였는데 이것은 시작일 뿐이었다.

그러나 율곡에게도 방황의 시간은 있었다. 열여섯 살 때 어머니 사임당이 그만 세상을 떠나고 말았다. 3년간의 시묘살이를 마친 후에도 율곡은 인생에 대한 허무감으로 괴로워했다. 불교가 해결해 줄 수 있을 것이라고 생각한 그는 금강산으로 들어갔다. 하지만 여기에서도 진리를 찾기가 어렵다고 판단하자 1년 만에 하산하였다. 이후 율곡은 강릉 외가로 돌아와 다시 유학에 전념하여 1556년 진사 복시에 합격하였고 이듬해 성주목사 노경린의 딸과 결혼하였다.

1558년 율곡은 성주 처가에서 강릉 외가로 가는 도중에 예안에 머물고 있던 퇴계를 방문하였다. 퇴계 이황은 이때 율곡을 만나보고 '후생가외'라는 논어의 구절을 가져와 극찬하였다. 한마디로 '후배가 가히

두렵다'는 의미였다. 율곡은 퇴계의 칭찬에 화답이라도 하듯 그해 문과에 장원 급제하였다. 답안지는 바로 그 유명한 '천도책'이었다. 후일 명나라의 사신이 율곡에게 '선생님'이라고 부르게 만든 명문이었다. 율곡은 모두 아홉 차례의 과거 시험에서 장원 급제하였는데 이로 인해 '구도장원공'이라 불렸다.

율곡은 참여를 통해 세상을 바꾸려는 실천주의적 성향이 강했다. 이황과 달리 그가 관직 생활을 계속한 이유로 볼 수 있다. 그는 대사헌 · 대제학 · 이조판서 등 중요 직책을 두루 거치면서 사회 개혁을 위해 노력하였다. 병조판서로 임명되었을 때에는 십만 양병설을 주장하여 외침에 대비할 것을 주문했지만 괜한 불안을 조성하는 것이라며 배척당했다. 결국 임진왜란을 당한 후 그의 선견지명에 모두 탄복했지만 때는 늦은 상태였다.

율곡은 우주의 근원이 신비적인 이理에 있는 것이 아니라 물질적인 기氣에 있고 이는 기의 작용에 불과한 것이라고 보았다. 즉 에너지를 갖고 있는 기가 움직인 다음에 이가 원리로 작용한다는 의미였다. 분명 퇴계에 비해 기의 역할을 강조하고 있다. 이것은 그를 현실적이고 개혁적인 성향을 갖도록 만들었다. 가령 방군수포제의 폐지를 주장한 것은 정책적인 측면에서 이런 성향이 드러난 것이었다.

율곡의 학문은 이후 김장생 · 김집 · 송시열 등으로 계승되어 기호학파를 형성하였고 이들은 조선 후기의 정국을 실질적으로 주도하였다.

* 1583년 2월 15일 '율곡 이이, 십만 양병설 건의' 참조

1897년 2월 20일

고종과 왕세자, 거처를 경운궁으로 옮김

1897년 2월 20일 고종과 왕세자 등의 일행이 러시아 공사관을 떠나 경운궁(덕수궁)으로 거처를 옮겼다. 1896년 2월 11일 새벽, 궁녀용 가마를 타고 몰래 궁궐을 빠져나간 지 약 1년 만이었다.

아관파천 1년여 동안 조선은 러시아를 보호국으로 삼은 것이나 다름없었으며 러시아는 이 틈에 광산 채광권을 비롯한 각종 이권을 챙겼다. 고종은 내외 여론과 압력으로 경운궁으로 돌아왔으나 지리적으로 외국 공사관에 둘러싸인 점을 고려한 선택이었다.

아관 파천 기간 중 러시아와 일본은 조선의 공동 지배를 내용으로 하는 의정서를 체결하고 일본은 38도선을 경계로 분할 점령을 제의했으니, 그때부터 한반도 분단의 기운이 싹트고 있었던 것이었다.

* 1896년 2월 11일 '고종과 왕세자, 아관 파천 단행' 참조

1920년 2월 20일

노백린, 독립군 비행사 양성소 건립

1920년 2월 20일 대한민국 임시정부의 군무총장 노백린이 미국 캘리포니아 주 윌로우즈에 '독립군 비행사 양성소'를 설립하고 개교식을 가졌다. 레드우드 비행 학교를 졸업한 최초의 비행사 이용선 · 오임하

· 이초 · 한장호 · 이용근 · 장병훈 등은 이곳의 교관이 되었다.

1923년까지는 약 60여 명의 비행사를 양성하였으나 재정 형편으로 비행 학교가 폐교되어 조종사 양성을 중단하게 되었다. 당시 훈련에 사용된 비행기는 JN-4D 훈련기이다.

독립군 비행사 양성소 설립을 주도한 노백린은 일본 육군 사관 학교를 나와 무관 학교의 교육국장과 교장을 지내다가 상하이 임시정부에 참여한 인물로 1925년 병사하였다.

___

1928년 2월 20일

의혈 단원 김지섭 옥사

___

1928년 2월 20일 의혈 단원 김지섭이 이른바 니주바시 투탄 의거로 잡혀 이치가야 형무소에서 단식 투쟁을 하며 항거하다가 끝내 사망하였다.

김지섭은 관동 대지진 때 수많은 조선 동포가 학살당하자 무고한 학살에 대하여 응징하기로 결심하고 일왕 암살 계획을 세웠다. 그는 궁성을 답사하던 중 불심 검문을 받자 궁성 앞 이중교에 폭탄을 던지고 궁성 진입을 시도하다가 붙잡혔다. 김지섭은 재판에서 무기 징역을 선고받았다.

일본은 김지섭이 병사하였다고 통보하였으나 사실을 확인할 수는 없었고 김지섭의 유해는 아우 희섭이 가져와 고향인 오미동 본집 뒷산에 안장하였다.

2007년 2월 20일

1,600년 만에 깨어난 백제 금동관

2007년 2월 20일 충남 역사 문화원 문화재 센터는 '수촌리 1호 고분 금동관'을 공개했다. 이것은 2003년 공주 수촌리 1호 고분에서 발굴한 백제 최고最古 금동관으로 약 70% 정도 보존 처리되었다.

백제 최고最古 금동관은 4세기 후반에서 5세기 초에 만든 것으로 추정된다. 한국과 일본에서 발굴된 금동관 10점 중 가장 오래된 것으로 밑지름은 14.7cm, 높이 15cm로 구리판에 금을 도금한 것이었다. 보통 연꽃이나 물결 문양을 많이 사용하지만 이 백제 금동관에는 최고 권위를 상징하는 용 14마리가 정교하게 표현되어 있었다. 백제 금동관 중 가장 정교한 명품이었다.

2월의
모든 역사

2월 21일

■
■
■

1936년 2월 21일

독립운동가 단재 신채호 사망

1936년 2월 21일 독립운동가이자 사학자·언론인이었던 단재 신채호가 뤼순 감옥에서 사망하였다.

1880년 11월 7일 대전에서 출생한 그는 1897년 성균관에 들어가 1905년 성균관 박사가 되었다. 그해 을사조약이 체결되자 『황성신문』에 논설을 쓰기 시작하여 언론인의 길로 들어섰고, 이듬해 『대한매일신보』의 주필이 되어 강직한 논객으로 활약하였다.

그는 민족 영웅전과 역사 논문을 발표하여 글로써 민족의식과 독립 정신을 북돋우고자 노력하였다. 민족 운동의 방향을 제시하는 항일 투사의 면모로 일제에 의해 '조선인 선동자'로 지목되기도 하였다. 1907년에는 신민회에 가입하고 국채 보상 운동에 참가하였다. 1910년 4월에는 중국 칭다오로 망명하여 활동 무대를 중국으로 옮겼다. 1919년 상하이에서 대한민국 임시정부 수립에 참가하여 의정원 의원, 전원위원회 위원장 등을 역임하였다. 한편 중국과 본국의 신문에 논설과 역사 논문을 계속 발표하였는데 이후 무정부주의를 신봉하였다.

또한 '묘청의 난' 등에 새로운 해석을 시도하여 우리나라 근대 사학의 기초를 확립했으며 주요 저서로는 『조선상고사』가 있다. 1962년 건국훈장 대통령장이 추서되었다.

—

1968년 2월 21일

재일 교포 권희로, 일본 경찰과 대치

—

　1968년 2월 21일 재일 교포 권희로가 일본 시즈오카 현의 한 온천 여관에서 주인과 손님 등 20명을 붙잡고 인질극을 벌였다. 그는 전날 여관에서 45km로 떨어진 한 클럽에서 야쿠자 조직 이나카와의 조직원 두 명을 엽총으로 살해하고 눈길을 헤치고 도망쳐 왔다. 이것은 빚 독촉을 하며 자신을 '조센징 더러운 돼지 새끼'라고 멸시한 것에 대한 참을 수 없는 분노의 폭발이었다. 이때 그는 TV를 통해 민족 차별에 대하여 경찰의 사과를 받아 내 파문을 일으키는 등 일본 열도를 뒤흔들었다.

　이 사건은 기자로 변장한 경찰관에게 사건 나흘 만에 권희로가 체포됨으로써 종결되었다. 1975년 무기 징역형이 확정된 그는 규슈 구마모토 형무소에 수감되었고 복역 31년 만인 1999년 9월 7일 석방되었다. 권희로의 석방을 위하여 많은 사람과 단체가 나섰고 1990년대 초에는 그의 삶의 궤적을 그린 『김의 전쟁』이라는 영화가 만들어졌다.

2월의
모든 역사

2월 22일

■
■
■

1898년 2월 22일

흥선 대원군이 사망하다

대왕대비가 경복궁 중건을 명하고 다음 날 시원임 대신을 희정당에 불러 중건 대사를 대원군에게 위임하였다.

경복궁 중건 때의 비용과 백성의 역에 대한 절차를 논의하였는데 백성의 노역 문제는 신중을 기하고 안으로 재상 이하, 밖으로는 지방 수령 이하가 능력에 따라 보조하며, 선비와 서민층은 서울과 지방을 따지지 않고 자진 납부하는 자에겐 상을 주기로 하고 이 뜻을 8도에 통달케 하였다. 이미 서울의 원납전이 20만 냥에 이르렀다.

『승정원일기』

조선에 두 번씩이나 통상을 요구하다 실패한 독일 상인 오페르트는 1866년 아주 흉악한 짓을 저질렀다. 홍선 대원군의 아버지인 남연군의 묘를 파헤친 것이다. 당연히 대원군은 진노했는데 조상의 묘라는 1차적인 이유도 있지만 바로 자신의 야망을 이루어 준 내력이 거기에 숨어 있는 탓이었다.

그가 아직 조선의 한량들과 어울리며 파락호 생활을 할 때 지관 하나가 찾아왔다. 그는 충청도 덕산에 가면 '만대에 걸쳐 영화를 누릴 자리'와 '2대에 걸쳐 왕이 나올 자리'가 있다며 둘 중 한 곳에 선친의 묘를 쓰라고 권유하였다. 홍선군은 물론 후자를 택하였는데 그 지관의 예언대로 아들과 손자 2대가 고종과 순종으로 왕이 된 것만은 분명하다.

홍선군이 집권하던 무렵에는 안동 김씨의 세도가 극성을 부리던 시기였다. 이때에는 총명하다 싶은 왕족들은 늘 신변의 위협을 받았다. 이들이 왕위에 오르면 안동 김씨 가문이 권력을 독점하는 데 걸림돌이 되기 때문이었다. 홍선군 역시 재능이 비범하고 두뇌가 명석하여 갖가지 통제와 감시를 받았다. 그는 왕족으로서의 자존심은 버리고 기회만 엿보고 있었다. 장안의 불량배로 소문난 천희연·하청일 등과 어울려 다니며 타락에 젖은 것도 저들의 경계를 벗어나기 위해서였다. 심지어는 안동 김씨 가문을 찾아다니며 구걸도 서슴지 않았다.

1863년 철종이 34살의 나이로 갑자기 승하하자 안동 김씨는 후계 문제로 갈팡질팡했다. 그러나 홍선군은 이미 은밀하게 궁중의 최고 어른이었던 조대비와 접촉하여 자신의 차남을 왕위에 앉히기로 밀약을 맺었다. 조대비는 재빨리 홍선군의 차남인 명복으로 대통을 잇게 한다는 교지를 내렸다. 이가 바로 고종으로 이때 12살이었다. 홍선군은 곧 대원군에 봉해지고 조대비가 수렴 청정에 들어갔다. 그러나 이것은 겉으

로 드러난 모습일 뿐 실제로는 대원군이 실권을 장악하였다. '국왕의
생부'라는 명분은 실로 엄청난 권위였다.

대원군은 먼저 인사 문제에 칼을 들이댔다. 수십 년간 권력을 쥐고 휘
둘러온 안동 김씨 일족을 밀어내고 당파와 신분의 구별 없이 유능한 인
재를 등용하였다. 아울러 안동 김씨의 권력 기반이던 비변사를 없애고
의정부와 삼군부의 기능을 부활시켰다. 또 왕실의 권위를 높이고자 임
진왜란 때 불타버린 경복궁을 재건하였다. 하지만 농번기에 많은 백성
을 동원하고 공사에 필요한 경비를 마련하고자 원납전을 강제로 징수하
는 등 많은 무리수를 두었다.

한편 서원을 면세와 특혜 등 부패의 온상으로 지목하여 전국에 47개
만 남기고 모두 철폐시켰다. 여기에는 지난날 서원에서 유생들에게 모
욕을 당했던 개인적인 원한도 무시할 수 없었다.

대원군은 밖으로 철저하고 일관되게 쇄국 정책을 고수했다. 지방 관
리들에게는 이양선의 출현을 경계하되 절대 이들과 접촉하지 못하도록
하였다. 천주교도에 대한 탄압도 극심했는데 이것은 쇄국 정책의 일환
이었다. 병인양요나 신미양요는 쇄국 정책의 상징적인 산물이었다. 프
랑스와 미국을 연이어 격파한 뒤 대원군의 기세는 하늘을 찔렀고 전국
각지에 척화비를 세웠다. 거기에는 "서양 오랑캐가 침범하는데 싸우지
아니하면 곧 화친하는 것이요, 화친을 주장하는 것은 나라를 팔아먹는
것이다. 우리 자손 대대로 경계하노라."라는 글을 새겼다.

안동 김씨의 세도 정치가 외척의 폐해임을 절감한 대원군은 고종의
비로 8살에 부모를 잃고 고아로 자란 민치록의 딸을 맞아들였다. 그가
명성황후인데 어릴 때부터 총명하고 정치 수완이 뛰어나 왕비가 된 후
정치에 관여하기 시작했다. 그런데 대원군과 명성황후 사이에는 서로

건널 수 없는 증오의 강이 흐르고 있었다. 궁녀 이씨에게 태어난 완화군을 대원군이 세자로 책립하려 했던 것이 시작이었다.

결국 그는 친정親政을 마음에 둔 고종을 배후에서 움직여 대원군의 축출을 기도하였다. 마침내 1873년 유림의 최익현이 대원군을 탄핵하고 하야를 요구하는 상소를 올리니, 대원군의 10년 집권은 여기에서 종말을 고하고 말았다.

* 1864년 1월 17일 '흥성 대원군 이하응 섭정 시작' 참조

1836년 2월 22일

실학자 정약용 사망

실학을 집대성한 사상가이자 경세가였던 다산 정약용이 1836년 2월 22일 고향에서 생을 마감했다.

그는 경기도 광주(지금의 양주)에서 태어나 1776년 호조좌랑에 임명된 아버지를 따라 상경하였다. 이가환과 이승훈을 통해 성호 이익의 학문을 접하고 실학사상을 받아들였다. 새로운 것에 대한 지적 호기심이 강했던 그는 이벽 등의 소개로 『천주실의』와 같은 천주교 서적을 탐독하고 천문 · 농정 · 수리 등에 관련된 서양 과학을 공부했다. 그러나 바로 이런 관심 때문에 그는 정조 사후에 터진 신유교난 때 천주교도라는 모함을 받고 유배되었다.

1783년 회시에 합격한 그는 학문을 사랑했던 정조의 총애를 받으며 18년 동안 그와 고락을 함께 하였다. 기술적 역량이 빛났던 그는 1792

년 정조의 명을 받아 수원 화성을 직접 설계하고 감독하여 축조하였다. 순조 1년(1801)에 노론 벽파가 권력을 잡자 신유교난이 터져 포항 장기로 기나긴 유배 생활을 떠났고 '황사영 백서사건'에 연루되어 9개월 후 다시 강진으로 유배를 갔다. 하지만 정조와 함께 학문과 국사를 고민했던 그는 그때의 경험을 살려 강진에서 18년간 학문에 몰두하였다. 1908년 봄 다산학의 산실이 된 다산초당으로 옮겨 유배에서 풀려날 때까지 『경세유표』『목민심서』를 비롯한 불후의 저작들을 완성하였다. 1818년 귀양이 풀리자 고향에 돌아와서는 『흠흠신서』를 완성하였다.

그의 학문은 성리학의 관념주의를 혁파하여 실용과 실천을 중심으로 한 실천적인 철학을 지향하였다. 그는 또한 정치 기구의 전면적 개혁과 지방 행정의 쇄신, 농민의 토지 균점과 노동력에 의거한 수확의 공평한 분배, 노비제의 폐지 등 사회 구조의 변혁을 주장하였다. 이러한 학문 체계는 유형원과 이익을 잇는 실학의 중농주의적 학풍을 계승한 것이며 또한 박지원을 대표로 하는 북학파의 기술 도입론을 받아들여 실학을 집대성한 것이었다.

다산의 저술은 500여 권에 달한다. 이것은 1936년 『여유당전서』로 간행되었다가 후에 『병서兵書』 등 3권을 추가하여 1960년 『정다산전서』라 개제하여 영인본으로 출간되었다.

1907년 2월 22일

국채 보상 기성회 조직

1907년 2월 22일 김성희 · 유문상 · 이필상 · 김병주 · 오영근 등 24

명의 인사가 발기하여 국채 보상 기성회를 조직하였다. 그에 앞서 1907년 2월 대구 광문사의 특별회에서 회원인 서상돈이 제의하여 참석자 전원의 찬성으로 국채 보상 취지서를 작성하면서 국채 보상 운동이 시작된 바 있다. 2월 21일 『대한매일신보』에 국채 보상 취지서가 발표되고 『황성신문』을 비롯한 민족지들이 보도와 캠페인에 적극 참여하였다.

1904년부터 고문 정치를 전개하던 일제는 우리나라 경제를 파탄에 빠뜨려 일본에 예속시키기 위한 방법으로 차관을 도입하게 하였고 통감부는 이 차관으로 일제 침략을 위한 투자와 일본인 거류민을 위한 시설에 충당하였던 것이었다. 1907년 우리 정부가 짊어진 외채는 총 1,300만 원이었으나 정부의 예산으로는 거액의 외채 상환은 불가능한 처지였다. 그리하여 국민들이 나라를 대신하여 금연과 금주로 돈을 모아 일본에서 빌린 국채를 갚고 일본의 간섭에서 벗어나고자 한 것이었다.

이 운동이 전국적으로 확산되고 반일 운동의 성격을 띠자 통감부는 적극적으로 탄압을 가하기 시작하였다. 국채 보상 운동의 구심점이 되었던 『대한매일신보』를 탄압하고 주필 양기탁을 국채 보상금 횡령 혐의를 씌워 구속하였다. 국채 보상 운동은 구심점을 잃고 실패로 끝났지만 일반 민중이 자발적 일으킨 것으로 애국 계몽 운동으로서 의의가 크다.

—

1980년 2월 22일

정부, 모스크바 올림픽 불참 결정

—

1980년 2월 20일 한국 정부가 제22회 모스크바 하계 올림픽 불참을 결정하였다. 미국을 비롯한 자유 진영의 20여 개국도 소련군의 아프가

니스탄 침공에 항의하는 뜻으로 대회에 참가하지 않았다. 이로 인해 공
산권에서 열린 최초의 올림픽인 제22회 모스크바 대회는 올림픽 사상
최악의 불구 대회가 되었다. 그러나 국제 올림픽 위원회는 스포츠와 정
치의 분리 명분을 내세워 대회를 예정대로 강행하였다. 영국 · 프랑스
를 비롯한 일부 국가들은 선수를 파견하였으나 소련의 무력 외교에 항
의하여 국기 대신 오륜기나 각 국의 올림픽 위원회 기를 들고 입장하였
다. 올림픽 강국 미국 · 서독 · 일본이 불참하자 경기는 소련과 동독의
독무대였다. 소련이 금메달 80개로 종합 1위, 동독이 금메달 47개로 2
위를 차지했다.

—

2006년 2월 22일

정진석, 두 번째 한국인 추기경 임명

—

2006년 2월 22일 교황 베네딕토 16세는 새로 15명의 추기경을 발표
하면서 그 명단에 한국의 정진석 대주교를 포함시켰다. 1969년 김수환
추기경이 임명된 이래 37년 만의 일이었다. 정진석 대주교는 1961년
사제 서품을 받은 뒤, 1970년 주교 서품을 받았으며 가톨릭 교회법 분
야의 권위자로 청주교구장 · 서울대교구장 등을 지냈다.

2월의
모든 역사

2월 23일

■
■
■

—

1904년 2월 23일

한일 의정서가 조인되다

—

제3국의 침해에 유由하며 혹은 내란을 당하여 대한제국 황실의 안
녕과 영토의 보전에 위험이 유有할 경우에는 대일본제국 정부는 속
히 임기필요臨機必要한 조치를 행함이 가함. 연然이나 대한제국 정부
는 우右 대일본제국 정부의 행동의 용이함을 위하여 십분十分 사의使
宜를 여與할 사事. 대일본제국 정부는 전항 목적을 성취함을 위하여
전략상 필요한 지점을 수기隨機 수용함을 득得할 사事.

『한일의정서』

　　대한제국은 러시아와 일본 사이에 전쟁의 기운이 촉박해지자 1904
년 1월 국외 중립을 선언하고 이를 각국에 통고하였다. 그러나 러시아
와 일본 양국이 국교를 단절하고 여순항에서 충돌하면서 일본은 2월 9
일 서둘러 한반도에 진주하였다. 이에 러시아 공사 파블로프는 황급히
한반도를 빠져나갔다. 2월 13일 일본 공사 하야시 곤스케는 외부대신
서리이던 이지용에게 중립을 포기하고 동맹 조약을 체결하라고 협박하
였다. 의정대신 이근명과 여러 대신들은 이를 완강히 반대했다.

　　그러나 일본은 12사단장 이노우에의 총칼을 앞세워 한일 간에 의정서
를 맺을 것을 강요해 왔다. 이때 일제는 자신들에게 많은 거부감을 갖고
조인에 반대한 내장원경 이용익을 2월 22일 일본으로 납치하여 유람의
명목으로 10개월간 일본에 연금하였다. 그 밖에 길영수 · 이학균 · 현상
건 등은 일본군의 철통같은 감시를 받았다. 이런 위압적인 상황 아래 2
월 23일 하야시와 이지용 사이에 한일 의정서가 체결되었다. 공수 동맹
을 전제로 하여 전문 6개조로 구성된 이 의정서는 다음과 같다.

　　① 대한제국은 일본을 확신하여 시설 개선에 관한 충고를 들을 것
　　② 일본은 대한제국 황실의 안전을 도모할 것
　　③ 일본은 대한제국의 독립과 영토 보전을 보장할 것
　　④ 제3국의 침략이나 내란으로 대한제국의 황실에 위험이 있을 경우
　　　　일본은 이에 필요한 조치를 취하며, 대한제국은 일본의 행동이 용이
　　　　하도록 충분한 편의를 제공하고 일본은 목적을 이루기 위해 전략상
　　　　필요한 지역을 언제나 사용할 수 있도록 할 것
　　⑤ 대한제국과 일본은 상호 간의 승인을 거치지 않고서는 본 협정의 취
　　　　지에 위배되는 협약을 제3국과 정립하지 않을 것

⑥ 본 협약에 관련된 미비한 부분은 대한제국 외부대신과 일본의 대표
자 사이에 임기 협정할 것

이 의정서가 관보를 통해 세상에 알려지자 온 국민의 비난과 반대가
들끓었다. 그도 그럴 것이 내용을 살펴보면 이것은 대한제국의 주권을
철저히 무시하고 일본의 정치 군사적 간섭을 노골적으로 합리화하고
있기 때문이었다. 특히 제4조는 아주 악랄하다. 모든 상황 판단을 일제
가 일방적으로 하겠다는 규정이었다. 또 내란이란 일본군에 대한 반항
을 가리키는 것으로 이는 헌병의 투입을 미리 못 박고 있는 것이었다.

우리 국민들은 의정서의 폐기를 주장하며 서명자인 이지용과 참사관
인 통역 구완희를 매국노로 몰아붙였다. 급기야 그들의 집에 폭탄을 투
척하기에 이르렀다. 이에 당황한 일제는 이토 히로부미를 한일 친선 특
파대사로 파견하였다. 그러나 겉으로는 친선을 내세우고 있지만 사실
의정서의 내용을 제대로 실천할 것을 대한제국에 다짐하기 위해서였
다. 이토의 방문에 화답하여 대한제국은 이지용을 일본에 보빙사로 보
냈다. 이 의정서에 따라 일제는 군사 행동을 마음대로 하고 도처에 그
들의 영구 군사 기지를 얼마든지 설치할 수 있었다. 용산에 '한국주차
군사령부'를 설치한 것이 이를 증명한다.

일제는 러일 전쟁의 수행을 위해 경의선과 경부선 두 철도를 착공하
였고, 전국의 통신망도 차지하였으며 해안선과 하천의 통행권마저 획
득하였다. 일본은 러시아와의 전쟁에서 만주 일대와 뤼순까지 점령하
자 그간 한국과 러시아 간에 체결된 일체의 조약과 권리도 폐기하였다.
또 러시아인에게 넘겨준 모든 이권도 취소시키고 대한제국의 숨통을
조였다.

1909년 2월 23일

출판법 제정으로 출판의 자유 박탈

융희 3년(1909) 출판법이 제정되었다. 이 법은 광무 11년(1907) 신문 지법 · 보안법과 더불어 일제 말까지 사상 단속과 언론 탄압을 위해 제 정한 것이었다. 출판법은 단행본인 보통 출판물에 적용되었는데 모든 도서 출판은 사전 허가를 얻도록 규정하여 출판의 자유를 완전히 박탈 하였다. 또한 허가를 얻지 않고 '국교를 저해하거나 정체를 변괴하거나 국헌을 문란하게 하는 문서 도화를 출판하는 것' '외교와 군사의 기밀 에 관한 문서 도화를 출판하는 것' '안녕질서를 방해하거나 풍속을 괴 란하는 문서나 도서를 출판하는 것' 등을 처벌하는 것을 규정하였다. 이 법률은 실질적으로 통감 통치하에서 일본인이 제정했던 것이었다.

1907년 2월 23일

소설가 이효석 출생

『메밀꽃 필 무렵』의 작가 이효석은 1907년 2월 23일 강원도 평창에 서 태어났다. 그는 경성제국대학 법문학부 영문과를 졸업하고 『조선지 광』에 단편 「도시와 유령」을 발표하면서 등단했다. 이 작품을 비롯한 초기의 여러 단편은 정치적 지배 이념이었던 사회주의 사상을 나타내 고 있어 그는 '동반자 작가'로 불렸다.

이후 순수 문학을 표방하던 구인회에 참여하면서 「돈」 「수탉」 등 향

토색이 짙은 작품을 발표하였으며, 1934년 평양 숭실전문학교 교수가
된 후에는 이데올로기의 영향을 벗어나 자연과 인간의 애욕 문제를 다
룬 작품들을 통해 새로운 문학의 세계를 열었다. 그 후 심미주의적 경
향을 띤 「장미 병들다」 「화분」 등을 계속 발표하여 인간의 성 본능과
아름다움을 추구한 작품으로 주목을 끌었다. 이 외에도 『벽공무한』 『창
공』 등의 장편이 있으나 단편에서 특히 두각을 나타내었다.

2006년 2월 23일

국가 유공자 가족 10% 가산점 위헌 결정

2006년 2월 23일 국가 · 지방 공무원 7 · 9급과 교원 임용 시험 등 각
종 공무원 임용 시험에서 국가 유공자의 가족에게 10%의 가산점을 부
여하는 제도는 사실상 위헌이라는 헌법재판소의 결정이 나왔다.

헌재는 결정문에서 '계속 늘어나는 국가 유공자 등의 가족이 시험의
합격에 결정적인 10%의 가산점을 부여받는 것은 일반 응시자의 취업
기회와 공무 담임권을 지나치게 침해하는 것'이라고 밝혔다. 국가 유공
자 예우법, 독립 유공자 예우법, 5 · 18 유공자 예우법 등의 가산점 관련
조항에 대해 2001년 합헌 결정을 내렸던 종전의 해석을 변경해 헌법 불
합치 결정을 내린 것이었다.

2010년 2월 23일

원로 희극인 배삼룡 사망

2010년 2월 23일 원로 희극인 배삼룡(본명:배창순)이 지병인 폐렴으로 투병 생활을 하다 끝내 눈을 감았다. 그는 1926년 강원도 양구군에서 태어나 춘천국민학교를 졸업하고 일본으로 유학하였다. 광복 이후 귀국하여 '민협'이라는 악극단에 소속되면서 연기 인생이 시작되었다. 1969년 MBC 방송국이 개국하면서 희극 배우로 데뷔하였으며 '바보 연기'로 우리나라 최고의 희극 배우로 인정받았다. 이후 『요절복통 007』 『형님먼저 아우먼저』 등의 코미디 영화에도 출현하여 대중의 인기를 누렸다. 1996년 제3회 대한민국 연예 예술에 기여한 공로로 문화체육관광부 장관상을 수상했으며 2003년 문화훈장을 받았다.

2월의
모든 역사

2월 24일

■
■
■

1422년 2월 24일

성문도감을 설치하다

조선이 개국되고 한양으로 천도를 단행하자 자연스럽게 도성이 건
설되었다. 그러나 단기간에 공사를 완료하면서 부실한 곳도 여기저
기 드러났다. 또 원래 건축물이란 시간이 흐르면서 저절로 약화되
는 것이기 때문에 보수는 항시 이루어질 수밖에 없다.
이에 세종 4년 도성의 보수를 전담하는 성문도감이 설치되었다. 그
이전에도 이 기구가 존재한 기록이 보이는데, 세종 대에 와서 그 기
능이 강화되었다고 할 수 있다.

새로이 조선을 개창한 태조 이성계는 한양을 수도로 정하고 궁궐과 종묘 그리고 여러 관아들을 신축하였다. 이어 봄과 가을 2차로 도성 건설에 착수하여 불과 100일 만에 축성을 끝냈다. 40리에 달하는 도성을 100일 만에 모두 쌓았다는 것은 실로 기적에 가까운 일이었다. 그만큼 이 공사의 무리한 측면을 엿볼 수 있고 한편으로는 도성의 축성이 새 왕조의 시급한 과제였음을 짐작할 수 있다.

태조는 도성의 완공과 함께 도성을 경기좌도 및 충청도의 여러 주군에 맡겨 수시로 보수토록 하였다. 세종 4년에는 종래의 토성 부분을 모두 석성으로 고쳐 쌓는 등 대대적인 수축 공사를 벌였다. 공사가 끝나자 곧 도성의 보수를 전담할 기구인 성문도감을 설치하였다. 도감이란 본래 국가의 중대사를 관장할 목적으로 필요에 따라 임시로 설립한 기구이다. 이들은 열흘에 한 번씩 도성 안팎을 순찰하고 그 결과를 조정에 보고하였다.

세종 8년 2월, 한성부에 이틀간에 걸쳐 화재가 발생하여 2,400호가 불에 타고, 32명이 사망하는 대참사가 일어났다. 이것은 조선 500년간 가장 피해가 심각했던 화재로 이에 충격을 받은 세종은 이조의 건의에 따라 소방 업무를 전담하는 '금화도감'을 설치하였다. 금화도감은 사실상 우리나라 최초의 소방 기구라고 할 수 있는데 병조에 소속되었다.

금화도감이나 성문도감은 유사시에는 주목받는 기구지만 평시에는 그리 바쁜 곳이 아니었다. 반면에 각기 사령과 군사들을 거느리고 있었기 때문에 많은 경비를 필요로 했다. 이 때문에 금화도감이 설치된 지 불과 4개월 만에 두 기구를 통합하였다. 그렇게 해서 태어난 것이 수성금화도감이었다. 이 기구는 공조에 속하게 하여 도성의 보수와 화재의 진압, 하천이나 도랑의 소통, 길과 다리의 수리를 담당케 하였으며 세조 대에 다시 수성금화사로 명칭이 바뀌었다.

태조 대에는 도성에 허물어진 곳이 있으면 경기좌도와 충청도에서 사람을 뽑아 올려 보수하도록 하였으나 세종 대에는 당사자 보수의 원칙을 적용하였다. 즉 자신이 쌓은 곳에 문제가 생기면 자신이 수리하는 것이었다. 성벽 바깥 면에 건축자의 이름을 새겨놓은 것도 이런 맥락이었다. 실제로 함길도 북청부에서 담당한 부분이 무너졌을 때 그 지역 사람들이 수리를 행한 사례가 있다. 그러나 세종 30년 경기도는 다른 요역이 많았고, 함길도와 평안도는 그쪽 방면의 방어가 급하다는 이유로 보수에서 제외되었다.

—

1971년 2월 24일

정부, 간호원과 광부 등 파독으로 차관 도입

—

1971년 2월 24일 대한민국 정부는 3년 동안 간호 요원 2천 명, 광부 5천 명을 파독하고 이들의 봉급 국내 송금 창구를 독일의 코메르츠 은행이 맡는 조건으로 독일 정부에서 차관을 제공받게 되었다.

간호사 및 간호조무사의 독일 진출은 1960년대 중반부터 민간 차원으로 이루어졌으나, 정부 차원의 파견은 1970년 1,707명을 비롯하여 1976까지 7년간 7,117명의 인원이 파견되었다. 파독 간호 요원은 1960년부터 1976년까지 17년간 모두 10,226명에 이르며, 파독 광부는 7,936명에 이르렀다.

이들의 파독에 따른 경제적 효과는 개인적으로는 가계 소득의 증대, 국가적으로는 외화 획득에 따른 국제 수지 개선과 국민 소득, 경제 성장에 기여함이 매우 컸다.

파독 간호 요원과 광부의 절반 정도는 계약 기간 만료 후 귀국하거나 다른 나라로 이주하였으나 나머지는 독일 사회에 뿌리를 내렸다. 현재 유럽 지역 교민 7만여 명 가운데 40%를 차지하는 독일 교민의 대부분은 이들 간호 요원과 광부, 그리고 이들의 2, 3세이다.

—

1916년 2월 24일

소록도에 자혜 의원 설립

—

조선 총독부는 총독부령 제7호로 관제를 공포하여 1916년 2월 24일 전남 고흥군 도양읍 소록리에 한센병을 전문으로 하는 특수 병원인 자혜 의원을 설립하였다.

당시 우리나라에는 광주 · 부산 · 대구에 외국 선교사가 운영하는 요양소가 있었다. 그러나 소규모인 이들 요양소는 많은 환자를 수용할 수 없었기 때문에 미처 수용되지 못한 대부분의 환자들은 유랑 또는 걸식하는 실정이었다. 이에 총독부는 기후가 온화하고 수량이 풍부하며 격리 수용이 가능하다는 점을 고려하여 소록도를 병원 설립지로 선택하였다. 소록도는 섬의 모양이 어린 사슴의 형상을 닮았다 하여 붙여진 이름이었다.

자혜 의원은 일본인을 초대 원장으로 하여 5월 17일 개원하였다. 개원 당시 수용 정원은 100명으로 각 도에서 보낸 한센병 환자를 수용하였는데 후에 계속 규모를 늘리다가, 1933년 소록도섬 전체를 매수하여 대대적으로 확장하였다.

그러나 수용된 환자들은 혹독한 강제 노역에 시달리거나 학대를 참지 못하고 탈출하다 죽는 등 수많은 희생자가 발생하였다. 이후 소록도 자혜 의원은 1982년 국립 소록도 병원으로 개칭하여 일반 병원이 되었다.

2007년 2월 24일

한미 양국, 전시 작전권 전환 합의

2007년 2월 24일 김장수 국방장관과 로버트 게이츠 미 국방장관이 워싱턴에서 한미 국방장관 회담을 열었다. 이날 회담에서 그동안 한미 양국군이 함께 행사해 오던 전시 작전 통제권(전작권)을 2012년 4월 17일 한국군에게 전환하기로 합의하였다. 6·25 전쟁 직후 이승만 대통령이 유엔군 사령관에게 서한을 보내 작전권을 넘겨준 후 62년 만의 일이었다. 그러나 이후 이명박 정부가 들어선 뒤 전환 시기를 2015년 12월 1일로 연기하였다.

2010년 2월 24일

김연아, 피겨스케이팅 세계 신기록 달성

2010년 벤쿠버 동계 올림픽에서 피겨 요정 김연아가 쇼트프로그램 세계 신기록을 수립하였다. 김연아는 여자 싱글 쇼트프로그램에서 78.50점을 기록하며 1위에 올랐다. 2009년 그랑프리 1차 대회에서의 최고점인 76.12점보다 무려 2.38점이나 높은 점수를 기록한 것이었다.

김연아는 '007 제임스 본드 메들리'에 맞춰 완벽한 점프와 회전을 선보였으며 표현력 부분에서도 세계 최고 수준의 기량을 자랑했다. 동갑내기 라이벌 아사다 마오 역시 자신의 올 시즌 최고점을 경신하며 선전했지만 73.78점에 그쳤다.

　이어 26일 치른 여자 싱글 프리스케이팅에서도 김연아는 150.06점을 획득하여 종합 점수 228.56점으로 세계 최고 기록을 세우며 금메달을 목에 걸었다. 한국 피겨스케이팅 역사상 첫 번째 올림픽 메달로 쇼트와 프리에서 모두 1위 차지한 금메달리스트는 18년 만에 김연아가 처음이었다. 김연아는 이로써 국제빙상연맹이 주관하는 4대륙 피겨선수권대회, 세계 피겨선수권대회, 그랑프리 파이널에 이어 올림픽까지 석권하였다.

2월의
모든 역사

2월 25일

2007년 2월 25일

유관순 1심 재판 기록 공개

유관순 열사의 1심 재판 형량이 기록된 '병천(아우내)·동면계 형사 사건부'가 2007년 2월 25일 최초 공개되었다. 이 사건부는 충남 천안의 병천·동면 방면에서 만세 운동을 주도한 민족 지도자들의 체포 사유와 재판 결과를 기록한 서류로 향토 사학자 임명순 씨가 수년 동안 국가 기록원 서류를 조사한 끝에 찾아낸 것이다.

형사 사건부에 따르면 유관순 열사는 1919년 5월 9일 공주 지방 법원의 1심 재판에서 징역 5년형을 선고받았으며 재판 판결에 대한 불복으로 판결 즉시 복심 법원에 상소했다. 유 열사는 1심 재판에서 의자를 집어던지며 조선 독립의 정당성을 주장해 가중 처벌을 받은 것으로 알려져 있었다.

그동안 유 열사의 1심 형량은 관련자의 증언으로만 알려져 있었고 그들의 증언도 일치하지 않아 논란이 있었다. 그러나 이 사건부에서는 공주 지방 법원이 유관순 열사에게 징역 5년을 선고했음을 분명하게 확인할 수 있었다. 이로써 유 열사의 1심 형량이 6년이나 7년, 혹은 3년 이라는 설이 있었지만 이번 사건부의 발굴로 징역 5년으로 바로잡히게 된 것이다.

1988년 2월 25일

노태우, 제13대 대통령 취임

노태우 제13대 대통령이 취임하여 제6공화국이 출범하였다. 그는 헌법 개정에 의한 직선제 대통령 선거에 민정당 후보로 출마하여 당선되었다. 대구 달성 출신으로 1955년 육군 사관 학교를 졸업하였고 베트남 전쟁에 참전하였다. 1979년 12 · 12 사태에 가담하여 신군부 세력의 정권 획득을 위한 쿠데타 과정에 참여하였다. 1985년 제12대 국회 의원 선거에서 민주정의당 전국구 의원으로 선출되어 민정당 대표 위원에 임명되었다. 1987년 6월 민정당의 대통령 후보로 선출되었고 12월 대통령에 당선되었다.

그는 취임 후 1973년 6 · 23 선언으로부터 시작된 북방 정책을 정부의 대외 정책 기조로 설정하였다. 1989년 2월 헝가리와 수교를 시작으로 1990년 6월과 이듬해 4월, 러시아 대통령 고르바초프와의 정상 회담으로 한국과 러시아의 국교 회복에 새 전기를 마련하고, 1992년 8월 중국과 국교를 수립함으로써 북방 외교의 기틀을 마련하는 성과를 거두었다. 문익환 목사의 방북을 계기로 통일 열기가 고조되자 1992년 2월 평양 6차 회담에서 '남북 간의 화해와 불가침 및 교류 · 협력에 관한 합의서'를 채택하였다.

1993년 2월 25일

김영삼, 제14대 대통령 취임

1993년 2월 25일 김영삼 제14대 대통령의 취임으로 문민정부가 탄생하였다. 김영삼은 경상남도 거제에서 태어나 1952년 서울대학교 철학과를 졸업하고 국무총리 장택상의 비서가 되었다. 1954년 당시 26세로 최연소 민의원에 당선된 후 8선 의원의 기록을 세웠다. 신민당과 통일민주당의 야당총재를 지냈으며 전두환 정권에 의한 가택 연금, 단식 투쟁 전개로 5공화국 시절 민주화 운동의 구심적 역할을 하였다.

1987년 13대 대통령 선거에서 낙선하였으나 1990년 민주정의당 총재 노태우, 신민주공화당 총재 김종필과 통합하여 민주자유당을 창당하여 대표 최고 위원이 되었다. 1992년 12월 14대 대통령 선거에서 당선되어 32년간의 군 출신에 의한 권위주의적 통치를 종식시키고 문민정부를 출범시켰다.

김영삼은 '신한국창조'를 국정 지표로 제시하고 과감하고도 중단 없는 '위로부터의 개혁'을 선언하였다. 문민정부는 1급 이상 공직자의 재산 공개 의무화, 금융 실명제를 실시, 공직선거 및 선거부정방지법 개정, 정당법 · 정치자금법, 행정 기구의 축소, 군의 문민화 작업을 시도하였다. 1994년에는 마틴 루터 킹 센터가 수여하는 세계적인 인권 운동 평화상인 비폭력 평화상을 받았다.

—

1998년 2월 25일

김대중, 제15대 대통령 취임

—

1998년 2월 25일 새정치국민회의와 자유민주연합이 단일 후보로 내세워 당선된 김대중이 제15대 대통령에 취임하였다. 김대중의 제15대 대통령 취임과 함께 자유민주연합의 김종필을 국무총리로 하는 국민의 정부가 출범하였다.

1925년 전라남도 신안에서 태어난 김대중은 1960년 민의원에 당선되어 정계에 진출하였지만 반체제 운동으로 납치당하고 옥고를 치르는 등 고난을 겪었다. 1971년(신민당), 1987년(평화민주당), 1992년(민주당) 등 세 번을 대통령선거에 출마하였으나 낙선하자 정계 은퇴를 선언하고 영국으로 떠났다. 그러나 1995년 7월 다시 정계에 복귀하였고 1997년 야권 후보 단일화로 대통령에 당선되었다.

이후 대통령 취임사에서 총체적 개혁을 다짐한 후 민주주의와 경제발전의 병행 실천을 국정 과제로 제시하고 새 정부를 참여 민주주의가 실현되는 국민의 정부로 규정하였다. 1997년 11월부터 시작된 국제통화기금IMF 관리 체제의 외환 위기를 재정 · 금융 긴축과 대외 개방, 금융 및 기업의 구조 조정 등을 통해 위기를 극복하였다. 남북 관계에서는 '햇볕정책'이라는 큰 틀을 내세워 남북 화해와 협력의 시대를 여는 데 주력하였으며 2000년 노벨평화상을 받았다. 2000년 6월 13~15일에는 김정일 국방 위원장의 초대로 평양을 방문하여 6 · 15 남북공동 선언을 이끌어 냈다.

* 1973년 8월 8일 '김대중 납치 사건' 참조
* 2009년 8월 18일 '김대중 전 대통령 서거' 참조

—

2003년 2월 25일

노무현, 제16대 대통령 취임

—

경상남도 김해에서 빈농의 아들로 태어났다. 학업 성적이 우수하였으나 집안이 가난하여 진학을 포기하고 부산 상업 고등학교에 진학하였다. 제17회 사법 시험에 합격하여 1977년 대전 지방 법원 판사로 임용되었으나, 이듬해 부산에서 변호사 사무실을 개업하였다. 1981년 제5공화국 정권의 부림 사건 변론을 맡은 것을 계기로 인권 변호사의 길을 걸었다.

1988년 정치에 입문한 뒤 5공 비리 특별 위원회 위원으로 활동하면서 청문회 스타로 주목받았다. 1997년 새정치국민회의 부총재 및 수도권 특별 유세단 단장을 지냈으며 이듬해 서울 종로구 국회의원 보궐 선거에 출마하여 당선되었다. '바보 노무현' '노짱'이라는 별칭으로 불리며 한국 최초로 정치인 팬클럽을 결성하였으며, 이것은 향후 정치적 행보에 큰 영향을 미쳤다.

그는 낡은 정치 청산, 새로운 대한민국 건설, 행정 수도의 충청권 이전 등을 내세우며 2002년 12월 19일 치러진 대통령 선거에서 유효 투표 총수 2,476만 141표 가운데 1,201만 4,277표(48.91%)를 차지하여 제16대 대통령에 당선되어 2003년 2월 25일 취임하였다.

그는 사회 전반에 만연한 지역주의와 권위주의를 타파하는 데 공헌

하였으며, 대미 외교에서도 대등한 관계를 추구하였다. 대통령 임기 말인 2007년 10월에는 김정일 국방 위원장과 남북 정상 회담을 열고 '남북 관계 발전 및 평화 번영을 위한 선언(10 · 4 선언)'을 발표하였다.

2008년 임기를 마친 뒤 고향인 봉하 마을로 귀향하여 전원생활을 하였으며 인터넷 토론 사이트 '민주주의 2.0'을 개설하여 대중들과 소통하기도 하였다. 그러나 2009년 5월 23일 돌연 '나로 말미암아 여러 사람이 받은 고통이 너무 크다'는 내용의 유서를 남기고 사저 뒷산의 부엉이 바위에서 투신하여 서거하였다.

저서에는 『여보, 나 좀 도와줘』 『노무현이 만난 링컨』 『노무현의 리더십 이야기』 등이 있다.

* 2009년 5월 23일 '노무현 전 대통령 서거' 참조

—

2010년 2월 25일

헌법재판소, 사형제 합헌 결정

—

2010년 2월 25일 헌법재판소는 '사형제는 헌법에 위배되지 않는다'며 합헌 결정을 내렸다. 헌재는 사형 제도를 규정한 형법 제41조 등에 대해 합헌 5, 위헌 3, 일부 위헌 1 의견으로 합헌 결정을 내렸다. 헌재는 결정문에서 '헌법이 보장한 생명권은 기본권 중의 기본권으로서 존중받아야 마땅하다' '우리 헌법은 110조에서 사형 제도를 인정하고 있으며, 특정 인간의 생명권 역시 타인의 생명권 보호나 중대한 공익을 위해 제한하는 것은 헌법의 테두리안에서 허용될 수 있다.'고 밝혔다. 또

한 '사형 제도가 극악한 범죄에 대한 예방과 정의의 실현, 재발 방지 등을 목적으로 하는 한 정당화될 수 있다'고 덧붙였다. 현재 미국 · 일본 등 78개국이 사형 제도를 유지하고 있으며 프랑스 · 독일 등 92개국은 사형 제도가 완전 폐지되었다. 한국은 10년 이상 사형 집행이 이루어지지 않은 '실질적 사형 폐지국' 중 하나이다.

1983년 2월 25일

이웅평 대위, 남한에 귀순

1983년 2월 25일 국방부는 북한 공산군 한 명이 미그-19 전투기를 몰고 남한에 귀순했다고 발표하였다. 북한 공군 소속 이웅평 대위는 로켓 사격 훈련차 평안남도 개천 비행장을 이륙한 후, 10시 45분쯤 북한의 해주 상공을 지나 연평도 상공의 휴전선을 넘어 극적으로 탈출하였다.

당시 한국군과 미국군은 팀스피리트 훈련 중이었고, 이에 대응하여 북한은 6 · 25 전쟁 이후 처음으로 준전시 상태를 선포하였다. 이날 서울에서는 비상경보가 울려 퍼졌고 피난 짐을 꾸리는 사람들로 북새통이었으며 가게에는 비상식량이 바닥나기도 했다. 6 · 25 전쟁의 비극을 떠올리며 허둥대던 한바탕 해프닝은 남북한의 현실을 그대로 보여 준 것이었다.

그 후 이웅평 대위는 대한민국 공군 소령에 임관한 뒤 1995년 대령으로 진급하였으며 정보 및 안보 교육 분야에서 활동하였다. 1998년 10월 간경화로 간 이식 수술을 받는 등 투병 생활을 하다 2002년 5월 4일 사망하였다.

2월의
모든 역사

2월 26일

■
·
■

―

1881년 2월 26일

이만손, 만인소를 올리다

―

대저 중국은 조선이 그 번방으로서 200년이 넘도록 신의를 교부해왔는데 하루아침에 황이니 짐이니 하는 칭호로서 보내온 일본의 국서를 받아들인다면 중국이 이로써 힐난하는 경우에 장차 어떻게 해명할 것입니까. 일본은 우리의 기미로서 육지와 바다의 요충 지대를 이미 점거하고 있으니 우리의 대비가 없음을 보고 충돌을 자행하면 장차 이를 어떻게 제지할 것입니까.

이만손 「영남만인소」

1880년 8월 일본에 수신사로 파견되었던 김홍집이 책 한 권을 손에 들고 귀국하여 고종에게 바쳤다. 바로 중국의 황준헌이 기술한 『조선책략』이었다. 이것은 황준헌이 당시의 세계정세를 분석하고 조선이 취해야 할 외교 정책에 대하여 훈수를 둔 저서이다. 내용의 핵심은 러시아의 남하를 저지하기 위해 중국과 친하고, 일본과 결합하고, 미국과는 연합하라는 것이었다. 고종은 조정의 회의를 거쳐 이 내용의 수용을 결정하고 전국의 유생들에게 『조선책략』의 복사본을 유포시켰다. 여기에는 낡은 관습을 타파하고 천박한 식견을 개도한다는 명분을 내세웠다.

그러나 이것은 유림 사이에 커다란 파문만 일으켰다. 당시의 유생들에게 일본이나 미국은 모두 오랑캐로서 그들과 손을 잡으라는 것은 화이론에 대한 전면적인 부정이었다. 그들의 사고 체계로는 오직 중국과 친할 수 있을 뿐이었다. 이 때문에 『조선책략』의 배포는 그간 서양 문화의 침투나 일본과의 개항 등에 잔뜩 분노해 있던 유생들을 들끓게 하였다. 한마디로 벌집을 쑤신 셈이었다.

먼저 병조정랑 유원식의 항의 상소가 올라왔다. 그는 『조선책략』이 성현을 심각하게 모욕하고 있는데 이러한 책을 김홍집이 받아온 것은 잘못이라며 김홍집을 탄핵하였다. 그러나 정부는 조정을 비난하였다며 유원식을 철산으로 유배 보냈고, 한발 더 나아가 1881년 1월에는 신사유람단을 일본에 파견하여 새로운 문물을 시찰하고 배워오도록 하였다.

1881년 2월 영남의 유림에서 상소를 통한 본격적인 척사 운동이 일어났다. 퇴계의 11세 손인 이만손을 앞세워 제출한 '만인소'가 그 포문을 열었다. 만인소란 만 명이나 되는 사람들이 상소에 서명했다고 해서 붙인 이름이었다. 만인소는 서두에서 '수신사 김홍집이 가져온 황준헌의 책 1권이 유통되는 것을 보매 저절로 머리카락이 곤두서고 쓸개가

흔들리고 통곡했다'며『조선책략』에 대한 강한 거부감을 드러냈다. 이어서 일본과 결합하고 미국과 연합하라는 내용을 강력히 반박하였다. 특히 미국과 연합하라는 지적에 대해서는 남의 말만 듣고 잘 알지도 못하는 나라와 관계를 맺으면 나중에 그들이 우리의 허점과 약점을 이용하여 괴롭혀도 대응하기가 어렵다고 하였다.

또 부국책과 야소교에 대해서도 비판하였다. 부국책에 대해서는 서학에 종사하여 재화를 모으고 농업과 공업을 일으킨다고 하지만 우리에게도 예부터 좋은 법규가 있으므로 굳이 그럴 필요가 없다며 일축하고 있다. 야소교 전래가 해롭지 않다는 견해에는 사교를 조선에 유포시키려는 간계이니 유학의 교리를 더욱 밝혀서 온 백성이 단결하여 사악한 무리를 물리쳐야 한다며 강하게 반발하였다.

만인소는 책의 내용뿐 아니라 황준헌과 김홍집에게도 신랄한 비난을 퍼부었다. 황준헌은 중국인이라고 하지만 한낱 일본의 앞잡이에 불과하고『조선책략』과 같은 사악한 책을 가지고 온 김홍집은 마땅히 역적의 이름으로 처벌받아야 한다는 것이었다. 그리고『조선책략』을 물이나 불속에 집어던져 위정척사의 대도를 밝히라고 목소리를 높였다.

이 상소문은 당시의 정책을 규탄하고 정부를 공격하는 것이었으므로, 조정은 상당히 긴장하였고 민태호는 이만손을 몰래 불러 주의를 주었다. 하지만 다음 달에도 재차 상소를 올리려고 시도하자 결국 이만손은 체포되었고 신지도로 유배당했다. 하지만 만인소는 척사 운동에 불을 지른 격이 되어 그 뒤 각 지역에서 상소가 쇄도하였다. 이른바 '신사척사운동'이 대대적으로 벌어진 것이다.

이 운동의 진행 과정을 지켜본 세력이 있었는데 바로 재야에 실각해 있던 대원군 진영이었다. 마침내 안기영·권정호가 대원군의 서자인 이

재선을 국왕으로 옹립하려는 쿠데타가 시도되었으나 사전 밀고로 실패
하였다. 이를 계기로 척사 운동은 점차 진정되는 기미를 보였다. 만인소
로 촉발된 척사 운동은 많은 한계가 있지만 반외세와 자주성의 확립이
라는 점에서 그 의의를 찾을 수 있다.

1948년 2월 26일

유엔 총회, 남한에서만 총선거 실시 결의

1948년 2월 26일 유엔 소총회는 한반도의 가능한 지역에 한하여 총
선거를 실시하여 정부를 수립하자는 미국의 제안을 가결하였다.

1947년 5월 이후 미소공동위원회가 교착 상태에 빠지자 미국은 9월
17일 한국의 독립 문제를 유엔에 제출하였다. 유엔의 감시 아래 한반도
에서 총선거를 실시하여 정부를 수립한 후, 미소 양군이 철수하도록 한
다는 것과 그러한 절차를 감시·협의하기 위한 기구로 유엔한국임시위
원단UNTCOK을 파견한다는 것이었다.

유엔의 결의에 따라 유엔한국임시위원단이 서울에 입국하여 활동에
들어갔으나 소련의 반대로 북한이 유엔 위원단의 입북을 거부하여 사
실상 북한에서의 활동이 좌절되었다. 이러한 내용을 보고받은 유엔 소
총회가 미국의 제안을 가결함에 따라 한반도의 분단은 기정사실화되
었다.

이후 단독 선거 반대 운동이 치열하였으나 1948년 5월 10일 미군정
은 마침내 남한에서 총선거를 실시하여 우리나라는 영구 분단의 길로
들어서게 되었다.

1423년 2월 26일

남산에 봉화대 5개소를 쌓음

세종 4년에 각 도의 봉화대 시설을 정비하기 시작하여 세종20년에 완비하였는데 이때 남산에도 봉화대를 쌓았다. 봉화대는 전국의 높은 산에서 불을 피워 낮에는 연기로, 밤에는 불빛으로 신호를 하여 변경의 긴급한 정황을 중앙 또는 변경의 기지에 알리는 통신 방법이다. 봉화대는 점차 봉수대로 불리게 되었는데 봉수 제도는 삼국 시대부터 사용했던 것으로 보이나 조직적으로 운영한 것은 고려 의종 3년(1149)부터이다.

세종 때 마련된 봉수 제도에 의하면 평시에는 횃불 1개, 적이 나타나면 2개, 적이 국경에 접근하면 3개, 국경을 넘어오면 4개, 접전을 하면 5개를 올리도록 되어 있다. 만약 적침이 있을 때 안개·구름·비·바람으로 봉수에 의해 전달이 불가능할 때에는 포성과 각성으로 주위의 주민과 수비 군인에게 급보를 알리고 봉수군이 다음 봉수대까지 달려가서 알렸다.

서울에는 남산의 5개 봉수대 외에 아차산·청계산·개화산·봉화산에 한 개씩 그리고 무악에 2개가 있다. 남산 팔각정 동쪽의 넓은 터에 있었던 남산 봉수대는 동쪽에서 서쪽으로 향하여 제 1·2·3·4·5봉의 봉수대로 전국의 봉수를 수신하여 병조에 종합 보고하는 종점이 되었다. 남산 봉수대는 서울에 있다 하여 일명 경수대라고도 칭했으며 병조의 무비사가 관장하였다.

—

2006년 2월 26일

시마네 현 가문 전승 문서 공개

—

독도를 '조선 강원도에 속한 섬'으로 기록한 17세기 일본 측의 공문서가 2월 26일 발견되었다. 손승철 강원대 사학과 교수가 무라카미 가문으로부터 '원록 9 병자년 조선주착안 일권지각서元祿九丙子年朝鮮舟着岸一卷之覺書'의 원본 사진을 입수한 것이다. 이 문서는 '조선의 8도朝鮮之八道'라는 제목 아래 각 도의 이름을 기록하고 울릉도와 독도가 조선의 영토임을 분명히 하고 있다.

—

2007년 2월 26일

부동산 실거래 첫 집계

—

2007년 2월 26일 부동산 거래 신고 제도에 따라 축적된 실거래 금액이 처음으로 파악되었다. 이날 건설 교통부는 '2006년 부동산 거래 현황 및 아파트 실거래가 자료'를 공개하였다. 2006년 우리나라에서 거래된 부동산은 모두 322만 건으로 아파트 188조 원 등 총 거래 금액이 425조 원에 이르는 것으로 밝혀졌다.

2월의
모든 역사

2월 27일

1108년 2월 27일

여진을 정복하고 9성을 축조하다

윤관이 아뢰기를 "제가 보기에는 적의 세력이 완강하여 무슨 변을
일으킬지 예측하기 어려우니 마땅히 병졸과 군관을 휴식시켜 후일
에 대비해야 합니다. 또한 제가 지난번에 패전 당한 원인은 적들은
말을 탔고 우리는 보행으로 전투한 까닭에 대적할 수가 없었던 것
입니다."라고 하였다.

이때부터 비로소 별무반을 만들기로 결정하였는데, 문무의 산관,
서리, 상인, 노비에 이르기까지 모든 사람들과 주·부·군·현에서
말을 기르는 사람들 전부를 신기군에 편입하고 말이 없는 자는 신
보군에 배속시켰다.

『고려사』 권 96

발해는 거란에 망한 뒤 여진이라는 이름으로 널리 불리었다. 이들 중 길림성 동북쪽에 흩어져 살던 족속을 생여진, 그 서남에 살던 무리를 숙여진이라 하였다. 생여진은 거란의 지배권에서 벗어나 산만한 부락 생활을 하였고 숙여진은 거란에 예속되어 그 통치를 받았다. 고려에서는 전자를 동여진, 후자를 서여진이라 불렀다. 고려는 북진 정책을 실시했는데 서북 지방으로의 진출은 거란과 전쟁을 치르고 난 뒤에는 사실상 포기하였다. 남은 것은 동북 방면인데 여기에서는 동여진과 부딪힐 수밖에 없었다.

고려는 무력에 의한 토벌과 혜택을 통한 회유책을 병행하였다. 원래 여진족은 고려를 부모의 나라로 인식하고 있어 귀화하는 사람들도 무척 많았다. 문종 대에는 아예 고려의 한 고을로 편입시켜 달라는 부락도 있었다. 고려는 이들에게 물품과 관작 등을 내려 관리하였다. 이 때문에 자잘한 충돌도 있었지만 대체적으로 고려와 여진의 관계는 평온을 유지하였다.

그러나 숙종 말기에 이르러 그간 잠잠하던 북쪽 국경 지대에 소란이 일어났다. 북만주의 송화강 지류인 아르치카 강에서 일어난 완안부가 그 세력을 남으로 뻗쳐온 것이었다. 우야소 때에 크게 세력을 키운 이들은 고려에 복속하고 있던 가란전 지역의 여진 부락을 공격하였다. 고려는 도저히 이를 묵과할 수 없었기 때문에 임간을 보내 대비케 하였는데, 그는 서둘러 공을 세우려고 훈련도 덜 된 병사들을 동원하는 바람에 대패하고 말았다. 숙종은 다시 윤관을 출동시켰으나 그 역시 패배하여 겨우 화친을 맺고 철수하였다.

임간과 윤관의 잇따른 패전은 고려에 큰 충격을 가져왔다. 아울러 여진족에 대한 적개심도 불타올랐다. 숙종은 "원컨대 신명은 은근한 도

움을 내리시어 적들을 소탕하게 해주면 그 땅에 절을 짓겠습니다."라
고 기도할 정도였다. 숙종이 패전을 설욕할 대책을 묻자, 윤관은 기병
의 양성과 군량의 비축을 건의했다. 기병으로 구성된 여진족을 보병으
로는 당해낼 수가 없다는 것이 그의 주장이었다. 숙종은 윤관의 건의를
받아들여 별무반을 창설하였다. 이것은 기병인 신기군과 보병인 신보
군에다가 승병으로 구성된 항마군 및 발화 등의 특수병을 포함하는 특
별 부대였다. 여기에는 양반부터 노예까지 다양한 신분층이 동원되어
그야말로 거국적인 조직을 이루었다.

숙종은 여진 정벌의 뜻을 이루지 못하고 그만 세상을 떠났고 뒤를 이
은 예종이 이 과업을 물려받았다. 그는 윤관을 원수, 오연총을 부원수
로 삼아 17만 대군을 이끌고 나아가 동여진을 치게 하였다. 고려군은
연전연승하여 135개의 촌락을 무너뜨리고 5,000명에 가까운 적군을 죽
였다. 포로만도 5,000명이 넘었는데 이때 척준경의 활약은 실로 눈부셨
다. 그는 고비 때마다 승리의 물꼬를 텄고 윤관의 생명이 위태로운 지
경에 놓였을 때에는 죽음을 무릅쓰고 몸을 던졌다.

윤관은 점령한 지역의 함주를 비롯하여 영주 · 웅주 · 길주 · 복주 ·
공험진 · 통태진 · 숭녕진 · 진양진 등에 9개의 성을 쌓았다. 그리고 이
곳에 69,000여 호에 달하는 남쪽 지방의 민호를 옮겨 살게 하였다. 이
것이 이른바 윤관의 9성으로 특히 길주성 내에는 호국인왕사와 진국
보제사라는 사찰까지 세우고 다음 해 4월 개경으로 개선하였다.

1899년 2월 27일

교육가 김활란 출생

김활란은 1899년 2월 27일 인천에서 태어났다. 기독교 신자인 어머니의 영향으로 일찍 세례를 받았다. 그는 1918년 이화학당을 졸업하였고 미국으로 가서 1924년 미국 웨슬레안 대학에 편입하였다. 그 후 보스턴 대학에서 문학 석사를 받고 1931년 컬럼비아 대학교에서 우리나라 여성 최초로 철학 박사 학위를 받았다.

1923년 김필례 · 유각경 등과 함께 대한 여자 기독교 청년회 연합회 YWCA를 창설하고 여성을 위한 잡지 『여론』을 발간하여 우리나라 여성의 권익을 옹호하는 데 앞장섰다.

1926년 이화학당의 학감을 시작으로 교육가의 길을 걸었다. 1939년 이화전문학교와 이화보육학교의 교장으로 취임하여 1961년 정년퇴임할 때까지 교육가로서 정열을 바쳤다. 또한 광복 후 우리나라 교육 정책 수립에도 참여하여 학교 교육뿐만 아니라 일제 강점기 시대의 식생활 개선, 문맹 퇴치, 농촌 아동 교육 등 농촌 계몽 운동을 활발히 펼쳤다.

그러나 1937년부터 조선 총독부가 주관하는 친일 단체인 방송선전 협의회 · 조선부인연구회 등에 참가하였고 1941년에는 국민총력조선연맹 평의원 및 참사로 활동하였다. 이 무렵 일제에 협력할 것을 독려하는 글을 쓰고 친일 강연을 하였다.

그 후 우리나라의 격동기에 외교 무대에서도 활발한 활동을 하였다. 1946년부터 국제 연합 총회에 우리나라 대표로 다섯 차례나 참석하였고 유네스코 총회에도 참가하였다. 1970년 2월 10일 세상을 떠났으며

1963년 교육 부문 대한민국장을 수상하고 1970년 대한민국 일등수교
훈장이 추서되었다.

—

1869년 2월 27일

소설가 이해조 출생

—

이해조는 1869년 2월 27일 경기도 포천에서 태어났다. 그의 신소설
『자유종』은 토론 형식을 빌려 쓴 일종의 정치 소설로 당시 지식 여성들
의 입을 통하여 개화와 계몽에 대한 여러 가지 문제를 시사하였다. 토
론이 성행한 개화기적 사회상을 반영한 것이었다. 대체로 그의 신소설
은 신교육과 개화 사상을 고취하면서 당시 사회의 부조리를 고발하는
것이었다. 한국의 고대 소설 가운데 『춘향전』을 『옥중화』로, 『심청전』
을 『강상련』으로 신소설화하여 발표하였다. 그 외 『화의 혈』 『모란병』
『춘외춘』 등 다수의 작품이 있다.

2월의
모든 역사

2월 28일

■
■
■

1447년 2월 28일

용비어천가 주해를 완성하다

뿌리가 깊은 나무는 아무리 강한 바람에도 흔들리지 아니하므로, 꽃이 좋고 열매도 많이 열린다. 샘이 깊은 물은 가뭄에도 끊이지 않고 솟아나므로, 내가 되어서 바다에 이른다.

「용비어천가」

　세종은 집현전과 정음청을 중심으로 음운학을 연구하게 하는 등 많
은 노력 끝에 세종 25년(1443) 한글을 창제했다. 그러나 곧바로 반포하
지는 않고 여러 차례의 시험을 거쳐 그 실용성을 검증하고자 하였다.
「용비어천가」의 편찬도 그 일환이었다.

　세종은 먼저 1442년 봄, 전라도와 경상도의 관찰사에게 운봉에서 왜
구와 싸웠던 태조의 사적을 조사하여 보고하라고 하였다. 이를테면 자
료 수집이었는데 정인지 · 권제 · 안지 등의 인물들이 편찬에 관여하였
다. 이 작업은 1445년 완성되었는데 훈민정음을 반포하기 1년 전이었
다. 훈민정음으로 기록된 글로는 처음으로 문체가 유창하여 처음 글자
를 만들어 쓴 민족의 글이라고 보기 어려울 만큼 세련되었다는 평을 받
고 있다. 세종은 원고를 받아 보고 매우 기뻐하며 노래 이름을 「용비어
천가」라 지었다.

　그러나 노래에서 다룬 선조들의 업적들이 널리 알려지지 않았음을
염려하여 최항 · 박팽년 · 신숙주 등에게 자세한 주해를 달도록 하였다.
그들은 2년 동안 열심히 작업에 매달려 마침내 1447년 2월 28일 주해
를 완성하였다. 세종은 1447년 10월에 「용비어천가」 550질을 신하들에
게 내렸다. 「용비어천가」와 그 주해를 맡은 사람들은 대부분 훈민정음
창제에도 그 이름을 올리고 있는데 이것은 두 가지 일이 깊은 연관 속
에 이루어졌음을 뜻한다.

　「용비어천가」는 세종의 여섯 선조(목조 · 익조 · 도조 · 환조 · 태조 · 태
종)의 성덕을 찬양하고 혹은 훈계하여 왕손의 영구한 보전을 축원하고
있다. 물론 이 모든 것의 궁극적인 목적은 조선 왕조의 창건을 합리화
시키는 것이었다. 왕조의 창업주를 신성화하려는 노력이 있었지만 조
선 시대는 합리주의적인 유교가 지배하던 시기였다. 그리하여 신성함

을 부각시키되 너무 비현실적이지 않기 위해 '하늘'이라는 개념이 도입
되었다.

「용비어천가」는 모두 125장으로 구성되어 있다. 1장은 전체의 서문
에 해당하며, 2장은 왕손의 번창과 왕업의 영원함을 노래하였고, 3~16
장까지는 조선의 건국이 하늘의 명에 의한 것임을 강조하고 있다.
17~109장은 태조를 중심으로 한 창업 선조들의 신성성과 영웅성을 그
리고 있고, 110~124장은 옛 사적을 들어 후왕들을 경계하고 있다. 125
장은 총결에 해당하며 각 장은 대개 여섯 조상의 업적을 중국의 역대
제왕과 비교하여 서술하고 있다.

「용비어천가」의 내용 중 39장의 주해는 각별히 주목을 받는데 광개
토 대왕릉비의 존재를 세상에 알리고 있기 때문이다.

1146년 2월 28일

고려 17대왕 인종 승하

고려 17대왕 인종이 재위 24년 되던 1146년 2월 28일 승하했다. 그
는 이자겸 등에 의하여 15세에 왕위에 올랐으며 성품이 온화하고 학문
을 좋아하였다. 1126년 장인 이자겸이 난을 일으키자 척준경 등을 시
켜 난을 진압하고 이자겸을 영광에 유배보냈다. 왕비인 이자겸의 셋째,
넷째 딸은 폐비가 되어 물러났다.

그는 묘청 · 백수한 · 정지상 등을 가까이 두고 그들의 서경 길지설을
믿어 1128년 서경의 임원역에 대화궐을 짓고 자주 행차하였다. 1129년
에는 서적소를 설치하여 여러 학사들로 하여금 학문을 탐구하고 서적

을 강독하게 하였다.

1135년 묘청이 서경에서 난을 일으키자 인종은 김부식을 서경정토원수로 삼아 난을 평정하도록 하였다. 묘청의 난이 평정되자 개경 문벌귀족이 권력을 독점하여 그의 힘이 약화되는 처지가 되었다.

1145년 김부식 등에게 『삼국사기』를 편찬케 하였는데 이는 기전체의 사서로 50권이나 되는 방대한 것이었다.

1973년 2월 28일

고교 평준화 조치 발표

정부는 1973년 2월 28일 고교 평준화를 목표로 하는 새로운 고등학교 입시 제도를 발표하였다. 고교 평준화 제도는 암기식·주입식 위주의 폐단을 개선하고, 중학생들의 과중한 학습 부담, 명문 고등학교로 집중되는 입시 경쟁의 과열과 인구의 도시 집중 등을 막기 위해 도입되었다. 1974학년도 서울과 부산에서 먼저 시범적으로 실시한 후 이듬해 대구·인천·광주로 확대 실시하였으나 평준화에 대한 조직적인 반발과 부작용이 있었다. 이후 1979년 대전·청주·마산 등 7개 도시, 1980년 창원 성남·군산 등 9개 도시, 2000년 울산, 2002년 안양·고양·부천 등 6개 도시로 확대되었다.

고교 평준화 정책의 기본 방향은 중학교 교육의 정상화, 학교 간 격차 해소, 과학 및 실업 교육의 진흥, 지역 간 교육의 균형 발전, 교육비 부담 경감, 학생 인구의 대도시 집중 경향을 억제하는 것이었다. 고교 평준화는 중학교 교육을 정상화하고 고등학교 간의 심한 교육 격차를 해소시키는 데 기여하였다.

하지만 고등학교 수업의 효율성을 저하시키고 사학의 자율성 위축 및 경영난을 가중시키며 학생과 학부모의 학교 선택권을 제한한다는 부작용 문제도 제기되었다.

2월의
모든 역사

2월 29일

1885년 2월 29일

최초의 근대식 병원 광혜원 설립

1885년 2월 29일 우리나라 최초의 근대식 병원인 '광혜원'이 탄생하였다. 광혜원은 미국인 의사 앨런이 고종에게 건의하여 설립된 한국 최초의 국립 의료기관이다.

앨런은 미국 의료 선교사로 1884년에 한국에 왔다가 갑신정변 당시 민영익을 비롯한 여러 부상자들을 치료해준 인연으로 고종의 신임을 얻어 궁중의 전의를 맡고 있었다. 광혜원 설립 이후에는 규칙을 제정해 관료와 직원을 두어 병원을 관리하게 하였으며 의사를 초빙해 환자를 진료하였다. 미국인 의사 앨런 외에 선교사 헤론이 진료에 참여하였고, 1886년에는 여의사 앨러스가 오면서 부인부가 설치되어 왕실 여인들을 진료하였다.

광혜원은 개원 12일 만인 3월 12일 통리교섭통상사무아문의 계啓에 따라 제중원으로 바뀌었다. 이후 제중원은 설립 9년 만에 경영권이 미 북장로교 선교부로 이관되었고 1904년 세브란스병원으로 개편되었다. 고종은 제중원의 의료 활동을 높이 평가하여 1886년 5월 앨런과 앨러스에게 당상관 품계의 벼슬을 내렸다.

1980년 2월 29일

윤보선 · 김대중 등 687명 사면 복권

1980년 2월 29일 최규하 대통령이 긴급 조치 위반자 687명에 대한 특별 복권 조치를 단행하였다. 이날의 복권 조치는 윤보선 전 대통령 · 김대중 전 대통령 후보 · 지학순 주교 등을 포함하여 반공법 및 국가 보안법 위반자 중 형량이 가볍고 교수와 학생 등을 대상으로 이루어졌다. 총 687명의 복권 대상자 중 학생이 373명으로 가장 많았으며 김대중 등의 정치인 22명, 종교인 42명 등이었다.

2월의 모든 역사_한국사

초판 1쇄 인쇄 2012년 2월 1일
초판 1쇄 발행 2012년 2월 5일

지은이 이종하

펴낸이 김연홍
펴낸곳 디오네

출판등록 2004년 3월 18일 제313-2004-00071호
주소 121-865 서울시 마포구 연남동 224-57
전화 02-334-7147   **팩스** 02-334-2068
주문처 아라크네 02-334-3887

ISBN 978-89-92449-82-3 03900
    978-89-92449-79-3(세트)

※ 잘못된 책은 바꾸어 드립니다.
※ 값은 뒤표지에 있습니다.